B-12

A TEATRO DE OPERA

PAL DE CAMPINAS CONCURSO DE ANTEPROJETOS FOLHA Nº 13B

FÁBIO PENTEADO

NA ESCALA DA MULTIDÃO

Histórias de arquitetura

Paulo Markun

Cobogó

LEGENDAS:

[p. 1] Corredor de acesso aos apartamentos do Conjunto Habitacional Zezinho Magalhães Prado — Parque CECAP.

[pp. 2-3] Fábio Penteado, Pedro Paulo Saraiva, Joana (tradutora), Jon Maitrejean, Paulo Mendes da Rocha e Alfredo Paesani no Congresso Mundial da Paz, Moscou, 1958.

[pp. 4-5] Prancha de persepectivas internas para o projeto do Teatro de Ópera, Campinas, 1966.

[pp. 6-7] Foto interna do hospital-escola Júlio de Mesquita Filho como Forúm Criminal, 2025.

[pp. 8-9] Centro de Convivência Cultural de Campinas, com tenda de circo.

[pp. 10-11] Perspectiva para o projeto do conjunto habitacional do Bairro do Limão, 1960.

[pp. 12-13] Fábio Penteado e amigos ao lado avião "Ryan", 1944.

[pp. 14-15] Crianças com biclicletas na época da inauguração do Conjunto Habitacional Zezinho Magalhães Prado — Parque CECAP.

[p. 16 e capa] Evento noturno no Centro de Convivência de Campinas, década de 1980.

Fábio Penteado desenhando, em filme de Roberto Duarte, 1975.

PRÓLOGO

FÁBIO E MARQUESA

Ao longo da vida, afinal longa já, conheci, convivi e fui (ainda sou, em certos casos) amigo de muitos arquitetos, por conta do acaso e de escolhas pessoais e profissionais. Foi o acaso que colocou na minha sala do curso clássico uma mocinha de cabelos curtos e nariz arrebitado chamada Rosa Camargo Artigas, a Rosinha. Minha escolha e de outros secundaristas nos idos de 1969 levou-nos a frequentar todas as noites a casa dela — e do pai, João Vilanova Artigas, professor da Faculdade de Arquitetura e Urbanismo da Universidade de São Paulo (FAU-USP) e arquiteto renomado, já cassado pelo AI-5, e que tinha naqueles jovens uma espécie de time reserva para os estudantes que não encontrava mais nas salas de aula.

Naquelas noites, imaginei ser arquiteto, mas para felicidade de eventuais futuros clientes ou cidadãos, escolhi o jornalismo, ainda no vestibular, por conta da absoluta incapacidade de me expressar pelo desenho, condição essencial à época para os que pretendiam seguir essa carreira.

Fábio Penteado era um dos maiores amigos de Artigas, mas, por acaso, nunca esteve naqueles saraus juvenis em torno do professor cassado — ele mesmo tinha sido demitido depois do golpe no Mackenzie. Entra aí outra escolha: ao me tornar repórter, com 18 anos, em 1971, passei a cobrir as questões urbanas, já que a política continuava praticamente interditada nos tempos duros de então.

Como repórter mantive minhas primeiras conversas com Fábio. O primeiro registro está na página 18, da edição de 8 de setembro de 1972, de *O Estado de S. Paulo,* sob o título "A cidade está pensando em 2022".

O texto não assinado é meu, tenho certeza. Começa assim:

> Em 2022, São Paulo poderá ser mais ou menos humana do que hoje: tudo depende do projeto de desenvolvimento que for adotado pela cidade. Mas num ponto as

> opiniões coincidem: o lazer ocupará um lugar de destaque na vida de todos. Dois arquitetos e uma estudante de arquitetura mostram como deverá ser a São Paulo do bicentenário da Independência.

A estudante de arquitetura entrevistada era minha companheira de saraus na casa de Artigas (e namorada do filho dele, Julio, também arquiteto), Rita Vaz, mais tarde presidente do Instituto de Arquitetos do Brasil — São Paulo (IABsp), sócia do primeiro escritório de Arquitetura do Brasil comandado por mulheres, ao lado de Christina de Castro Mello, e até hoje minha companheira de saraus, agora diurnos e gastronômicos em Lisboa.

A segunda fonte foi Benjamin Ribeiro, da Coordenadoria Geral de Planejamento. Mas a maior parte do espaço ficou mesmo para as ideias de Fábio, que classifiquei como:

> um dos arquitetos mais premiados do Brasil, membro do Conselho Superior da União Internacional de Arquitetos e autor do projeto mais avançado de um hospital-escola — o Júlio de Mesquita Filho, da Santa Casa de Misericórdia.

Fábio traçou um futuro sombrio: "Por enquanto, essa soma não se realiza: os valores políticos se acentuam isolados do anseio popular, a tecnologia se expande quase só para produzir automóveis e exportar manufaturas e a cultura, de tão isolada, quase morre de inanição".

Registrei, ainda, a recusa dele em se considerar pessimista:

> Em diversos lugares, há equipes das quais participam o total das representações do pensamento técnico, cultural e popular, trabalhando com os mais modernos recursos da tecnologia, em busca das soluções. Em Paris, conheci os esforços de Max Queurreau, espécie de ministro especial do governo francês, encarregado de buscar soluções de responsabilidade política que permitam demandar dos arquitetos e urbanistas a resposta aos anseios mais democráticos.

A reportagem informava que o time do tal Queurreau estava coletando milhares de dados sobre a cidade e processando-os para chegar às melhores soluções. Passaram-se 53 anos e preciso corrigir pelo menos um erro. O repórter iniciante não conferiu o nome citado pelo entrevistado. Meu atual parceiro de escrita, o ChatGPT corrigiu em 42 segundos: Queurreau era, na verdade, Querrien.[1]

O pessimismo de Fábio foi até pouco. Quantos paulistanos têm direito ao lazer hoje em dia?

Lendo o texto da reportagem, consigo ouvir Fábio falando (até por conta das tentativas parcialmente bem-sucedidas de recriar sua voz com o auxílio da inteligência artificial). Sou capaz de lembrar — com a exatidão que faltou para com Max — de seu sotaque marcado pelos eles afirmativos e nada campineiros, por um ritmo de fala cadenciado e por uma muleta verbal apropriada para um arquiteto: "Veja bem".

Consigo mesmo vê-lo com o paletó de veludo cotelê com os cotovelos protegidos por reforços ovais de couro pendurado pelo dedo indicador esquerdo sobre o ombro, um cigarro nos lábios (dependendo da época), óculos de grau forte e aros grossos e um Monza para lá de velho como meio de transporte — ou outro carro do gênero.

Como repórter ainda, me tornei amigo de outros presidentes do IAB, como o saudoso Eurico Prado Lopes e o Benno Perelmutter, que me convidou para comandar o bar do IABsp, por conta de uns bailes que ajudei a organizar.

Foi ali, na mesa de bar, debaixo de um móbile do Calder e sempre em torno de um copo de vinho ou de uísque que estreitei

1. Max Querrien (Concarneau, 14 jun. 1921 – Paimpol, 29 mar. 2019) foi um alto funcionário francês que introduziu a arquitetura como política pública de Estado. Nomeado por André Malraux para dirigir a recém-criada Direção de Arquitetura do Ministério dos Assuntos Culturais (1963-1968), abriu o órgão tanto à proteção patrimonial quanto à criação contemporânea, além de impulsionar a reforma do ensino de arquitetura. Elegeu-se prefeito de Paimpol, na Bretanha, mandato que exerceu ininterruptamente de 1961 a 1995, testando ali suas ideias de urbanismo e preservação Em 1981, o ministro Jack Lang encarregou-o de formular uma estratégia nacional para o setor; o resultado foi o influente "Rapport Querrien – Pour une nouvelle politique du patrimoine" (1982), base de muitas das políticas francesas de patrimônio nas décadas seguintes. Nesse mesmo período presidiu a Caisse nationale des monuments historiques et des Sites (1981-1986), onde articulou tutela de monumentos com requalificação paisagística em escala territorial. Fiel ao serviço público até o fim da vida, Querrien permaneceu conselheiro de Estado, interveio em projetos como o TGV-Méditerranée e deixou um legado que equilibra proteção e inovação arquitetônica, reconhecido quando de sua morte aos 97 anos.

relações com Fábio, por volta de 1977. Ele era meu melhor freguês, dos raros que faziam questão de pagar no fim da noite. "Habituê" de segunda a quinta, quando o bar estava vazio, desaparecia aos finais de semana — quando havia música ao vivo e uma pequena multidão atraída pelo baile, jamais aparecia. Mas nos outros dias, falávamos sobre tudo.

Bem mais tarde, morando em Florianópolis, passava parte da semana no apartamento dele, na rua dona Veridiana, e mais uma vez conversamos muito, em torno de copos e taças.

Entre 1972 e 2011, quando ele faleceu, tivemos muitas conversas. Sobre arquitetura, urbanismo, política, família, tudo, realmente. Parte delas foram gravadas em 1996, quando ele me contratou para escrever o que definiu como um livro sobre as histórias de seus projetos.

Gravamos horas e horas de diálogo, devidamente transcritos e transformados num texto, que ele próprio chegou a corrigir — encontrei essa cópia entre os 12 mil documentos preservados graças ao empenho da filha dele, Adriana, responsável pelo Arquivo Fábio Penteado.

Entreguei os originais a ele, que não fez qualquer comentário ou reparo. Tempos mais tarde (muito tempo, creio), ele me mostrou o boneco do livro *Ensaios de arquitetura*, afinal publicado em 1998. Folheei o belo livro e não reconheci quase nada do meu texto. Já era suficientemente amigo de Fábio para reagir com alguns palavrões. Em resumo e num português aceitável, disse que se era aquilo que ele queria, bastava ter pedido. Nunca tive grandes veleidades sobre meus escritos, sempre vivi disso.

Fábio não explicou os motivos da mudança radical no projeto. *Ensaios de arquitetura*, como o nome diz, é um livro sobre a obra dele. Um *coffee table book*, no jargão dos editores.

Perdi as gravações, mas preservei o texto do livro e, quando Adriana Penteado organizou o Arquivo, propus editarmos o original.

É este o texto que se segue, com pequenas mudanças.

Penso que ele retrata bem as ideias de Fábio, seus projetos e ensaios, sua atuação como dirigente dos arquitetos e jornalista. Espero que ajude, junto com a celebrada e inusual restauração do

Centro de Convivência Cultural de Campinas e a exposição Pétalas e Estrelas, a inscrever o nome de Fábio Penteado onde deveria estar há muito tempo — entre os maiores arquitetos e pensadores de Arquitetura do século XX.

Imagino que, se pudesse ler a frase anterior, Fábio daria aquele risinho de canto de boca, olharia de soslaio e repetiria o sonoro palavrão que conspurca a moral da mãe do outro, completando com um desfecho providencial: "... exclamou a marquesa, levemente ruborizada".

Paulo Markun
Lisboa, 19 de junho de 2025

Fábio Penteado apresentando o projeto com maquete, com o parceiro de projeto Luiz Antonio Pompéia, 1991.

A GRANDE TORRE

● Torre do Anhangabaú (proposta urbanística), São Paulo, 1991

Mr. Kwek Leng Joo sabia bem que uma das vantagens de voar na primeira classe é desembarcar primeiro. E depois de catorze horas a bordo de aviões, mais uma e meia de escala no aeroporto de Joanesburgo, parada obrigatória na viagem iniciada no Singapore Changi Airport, ele não dispensou a prerrogativa. Às sete e vinte da manhã, agradeceu a cortesia das comissárias de bordo do voo 829 com um menear de cabeça tipicamente oriental e foi o primeiro passageiro do Airbus da Lufthansa a entrar no *finger* que dava acesso aos corredores do aeroporto de Guarulhos. Minutos depois, o visitante e o anfitrião que o esperava levantavam voo, desta vez num helicóptero, com destino ao centro de São Paulo.

O diretor da poderosa City Developments Limited (CDL) vinha ao Brasil em busca de oportunidades de negócio. Sediada em Singapura, a CDL iniciou suas atividades em 1963, num escritório alugado em Amber Mansions, na Orchard Road, com apenas oito colaboradores. Com o passar dos anos, a empresa evoluiu para um conglomerado global de propriedades e hotéis, presente em 29 países e regiões. Seus ativos somam aproximadamente 33 bilhões de dólares e o portfólio diversificado inclui residências, escritórios, hotéis, apartamentos com serviços, acomodações estudantis, centros comerciais e empreendimentos integrados.

Mr. Leng Joo não disse uma palavra enquanto o helicóptero sobrevoava a zona Leste de São Paulo, até avistar uma forma branca destacada na massa cinzenta do centro da cidade. Foi quando perguntou, em inglês:

— Que prédio é aquele?

Como milhões de paulistanos, Lee Kuan Tong, funcionário da CDL e dublê de cicerone, sabia muito bem a resposta — e ainda por cima, fizera a lição de casa:

—É a Torre do Anhangabaú. Ficou pronta em 1998. Até então, o centro estava decadente. Todos aqueles outros edifícios enormes, alguns prontos, outros ainda em construção, surgiram depois dela, com a valorização da área. A torre é do tamanho dos nossos maiores prédios, tem 70 andares e 150 mil metros quadrados de área construída, mas o desenho é bem diferente. Tem um hotel de 900 quartos, um shopping center e 80 mil metros quadrados de escritórios. É lá que estamos instalados, no 35º andar.

Antes de pousar no heliponto da cobertura, o piloto deu uma volta completa em torno da Torre, permitindo que Mr. Leng Joo a visse de todos os ângulos. Na verdade, eram dois prédios: de um lado, o hotel, de outro, o edifício de escritórios. Um de costas para o outro, erguidos sobre uma base de formas sinuosas, que lembram uma escadaria gigante, onde estava o shopping center.

A certa altura, uma espécie de braço vertical sustenta um painel digital onde a cidade acompanha as últimas notícias. À noite, a estrutura arredondada na ponta desse braço emite hologramas que constroem imagens surpreendentes sobre o céu de São Paulo.

O elevador panorâmico externo levou 18 segundos para percorrer os trezentos metros que separam o térreo da cobertura. Tempo suficiente para que o dirigente da CDL percebesse que cada pavimento tinha uma forma diferente. Seu subordinado lhe explicou que algumas empresas utilizavam três, quatro andares, com espaços próprios de lazer e serviços, fugindo da padronização comum em outros edifícios comerciais.

Em volta da Torre, só havia circulação de pedestres. Um tubo transparente, equipado com esteiras rolantes, levava à estação do metrô do Largo São Bento, do outro lado da plataforma de concreto que recobre o antigo Vale do Anhangabaú. Os motorizados podiam apanhar seus automóveis numa série de garagens subterrâneas — projetos que a cidade tinha engavetado e que foram reativados em função da Torre.

Antes mesmo de sair do elevador, Kwek Leng Joo tinha decidido: era realmente uma boa ideia ampliar as atividades da CDL no Brasil. Mas ainda perguntou a seu acompanhante, como quem quer apenas matar a curiosidade:

— De quem é esse projeto?

— De um arquiteto brasileiro. Fábio Penteado.

A descrição da chegada de Kwek Leng Joo a São Paulo, num dia qualquer de um futuro ou passado pouco remotos, é ficção — mas bem apoiada na realidade. A CDL fica mesmo em Singapura e possui US$ 1,6 bilhão de capital e inúmeros investimentos. Entre eles, 64 hotéis com 16.400 quartos, incluindo o Republic Plaza, que com seus 66 andares, nem é o prédio mais alto da Singapura.

Mero coadjuvante, o cicerone é um personagem sem grandes relevos. Sua identidade mistura os nomes de um primeiro-ministro que governou a Ilha-Estado por 31 anos e de seu sucessor, que esteve no poder num dos tigres asiáticos, famoso por seu desenvolvimento econômico e por ter leis tão severas que puniram com chibatadas um jovem americano que pichou carros e foi acusado de vandalismo, em 1994.

O terceiro personagem dessa história, a Torre do Anhangabaú, só existe no papel, por enquanto, mas teria plenas condições de se tornar realidade — a começar por um detalhado estudo feito por Luiz Antonio Pompéia, um dos maiores especialistas em mercado imobiliário do Brasil.

Com pequenas alterações, a atual legislação urbana de São Paulo permitiria construir o edifício.[1] Elevadores capazes de fazer 300 metros em poucos segundos já são fabricados no país. E não há qualquer elemento de ficção científica no tubo transparente para os pedestres, nas garagens subterrâneas ou nos hologramas projetados a partir de uma estrutura situada a centenas de metros do chão.

Quanto ao arquiteto que idealizou a torre, bem, ele é a figura central deste livro. E antes que seus outros projetos e ideias ocupem o espaço que merecem nesta nossa história, é melhor conhecer Fábio Moura Penteado — que faleceu em 2011, aos 82 anos, e nunca esteve em Singapura.

---

1. O projeto da Torre do Anhangabaú, concebido no início da década de 1990, baseou-se no suporte legal proporcionado pela Lei nº 11.732, de 14 de março de 1995, que instituiu a Operação Urbana Faria Lima. Essa legislação estabeleceu diretrizes para intervenções urbanísticas em áreas específicas de São Paulo, permitindo parcerias público-privadas e a utilização de instrumentos como a outorga onerosa do direito de construir e a emissão de Certificados de Potencial Adicional de Construção (CEPACs). Esses mecanismos possibilitaram a viabilização de projetos de grande porte, como a Torre do Anhangabaú, ao oferecer incentivos para a requalificação urbana e a revitalização de áreas centrais da cidade.

FÁBIO E OS ARQUITETOS MODERNOS

● Centro de Convivência Cultural de Campinas, Campinas, 1967

Fábio Moura Penteado foi da geração de arquitetos que sonhou organizar um projeto para a arquitetura brasileira. Atuando no campo da arquitetura de 1953 a 2011 como projetista, professor e representante de classe, teve presença relevante nos principais debates de seu tempo. Para Fábio, a arquitetura não se resumia apenas a formas depuradas e técnicas contemporâneas; é, sobretudo, a tentativa de participar, por meio da construção do ambiente, na transformação da sociedade. Sua produção — em parte aqui apresentada — resgata momentos significativos dessa discussão.

Fábio via no crescimento acelerado das populações urbanas — e na falta de reação dos governos ante esse fenômeno — um dos maiores desafios para a humanidade. Eram poucos os arquitetos que abordavam o assunto e nenhum outro com tanta insistência. Embora o tema da urbanização tenha sido a segunda principal agenda da ONU, suplantada apenas pela manutenção da paz, no Brasil predominava a ideia de que o crescimento acabaria por trazer melhores condições de vida.[2]

2. A urbanização passou a ser uma preocupação tangível para a ONU a partir da década de 1970. Em 1975, a Assembleia Geral criou a United Nations Habitat and Human Settlements Foundation (UNHHSF), órgão pioneiro na temática dos assentamentos humanos, com o objetivo de apoiar programas nacionais por meio de capital e assistência técnica. A primeira conferência internacional da ONU sobre urbanização, Habitat I, ocorreu em 1976, resultando na criação do Centro das Nações Unidas para Assentamentos Humanos (Habitat), precursor da atual ONU-Habitat. Durante as décadas seguintes, a Habitat enfrentou dificuldades financeiras e políticas para atuar no controle do crescimento urbano desordenado, especialmente nos países em desenvolvimento. Em 1996, a Habitat II, realizada em Istambul, reforçou a necessidade de uma ação global coordenada e resultou na Agenda Habitat, um documento com mais de 100 compromissos e 600 recomendações. O fortalecimento institucional ocorreu em 2002, quando a ONU-Habitat se tornou um programa oficial das Nações Unidas, com um mandato ampliado para promover cidades social e ambientalmente sustentáveis. Em 2015, a urbanização recebeu maior destaque nos Objetivos de Desenvolvimento Sustentável (ODS), com o ODS11, que propõe tornar as cidades mais inclusivas, seguras e sustentáveis. No ano seguinte, a Habitat III consolidou a Nova Agenda Urbana, estabelecendo padrões globais para um crescimento urbano mais sustentável.

Em entrevistas, conferências, discursos e também nos projetos de Fábio, transparece o entendimento de que era preciso fazer arquitetura — e urbanismo — na escala da multidão. Ideia aparentemente simples — num mundo que se urbaniza em ritmo acelerado, de nada adianta projetar para os poucos poderosos ou circunscrever as intervenções de arquitetos a *parklets*, ou ao fechamento temporário de ruas ou viadutos, o tal urbanismo tático. É preciso produzir conjuntos habitacionais completos, assegurar a ação do poder público, moldar a voracidade do mercado, ousar.

Mas a pregação vinha acompanhada de um exercício compreensível e louvável de modéstia que buscava entender seus projetos como ensaios de arquitetura apenas, em razão da enorme distância entre o que podia realizar ou mesmo imaginar e o que era necessário, urgente, fundamental, fazer. Distância que algumas vezes Fábio conseguiu encurtar, como na obra do Centro de Convivência Cultural de Campinas, que em 2025 volta a ser utilizado, após mais de 14 anos de abandono e interdição.

Fábio foi, antes de tudo, um pensador, um questionador intuitivo da dinâmica da vida e um observador atento do cotidiano e da condição humana. Suas ideias e inquietações foram a força motriz na busca por uma identidade e na realização de um sonho maior: mudar a sociedade. Tinha o desenho como um instrumento para expor suas ideias e a arquitetura como forma de dar concretude a sua filosofia. Por essa vertente, mas também na mesa de bar, em torno de uma prancheta, em auditórios de todos os tamanhos, ele perseguiu a concretização de alguns conceitos. E para isso, contou com o apoio e o empenho de diversos parceiros ao longo de sua carreira. Era um adepto da produção coletiva e seus trabalhos refletem essa diversidade de colaboradores.

Mais influenciado pelos colegas próximos que por famosos mestres distantes da arquitetura moderna, Fábio reconheceu a importância de contemporâneos como Roberto Aflalo, Carlos Millan, Telésforo Cristófani, Joaquim Guedes, Alfredo Paesani, Paulo Mendes da Rocha, Vilanova Artigas, Pedro Paulo de Melo Saraiva, entre outros.

Enquanto muitos arquitetos se empenham em oferecer complexos raciocínios que comandariam seus projetos, Fábio ia pelo caminho oposto — e, talvez com uma ponta de ironia, disse isso com todas as letras em 1998, recorrendo à explicação dada a ele por um funileiro, que havia consertado o paralama de seu carro:

> "Como o senhor pega um paralama todo amassado e faz com que ele fique igual ao que está do outro lado, intacto? Você usa alguma régua, mede algo?" O funileiro respondeu: "Eu não gostaria de falar muito sobre esse assunto, mas, para você, eu vou dizer: quando começo, na primeira martelada, já sei que, quando termino, fica pronto".[3]

Dotado de uma sensibilidade intuitiva, Fábio não buscava justificativas teóricas para seu processo criativo, mas tampouco valorizava a falta de lógica ou intenção:

> Desenvolvo os projetos a partir de um ponto; não há como explicar. As coisas acontecem nos meus projetos, mas não são gratuitas — sempre tento expressar, através do desenho, o que se discute no conjunto das ideias da arquitetura, em relação à arte, à cultura, à saúde etc. Todo mundo busca criar algo bonito — o Teatro de Piracicaba, por exemplo, me encanta: é a representação poética de uma flor, mas, dentro dela, o projeto funciona.

Diante das regras e modelos estabelecidos, Fábio preservou o direito à liberdade, não se prendendo a formas, materiais ou técnicas, mas mantendo firme seus princípios — tanto os de organização de uma outra realidade política, econômica e cultural, quanto o sonho de uma vida cotidiana livre das convenções e aberta ao futuro, em que a arquitetura desempenharia seu papel na construção de um vasto espaço social.

---

3. Esta e quase todas as outras citações de Fábio Penteado neste livro são resultado de muitas sessões de conversa entre nós dois, realizadas em 1997, provavelmente. Todas gravadas e transcritas, porque eram a base para um livro que ele me encomendou. As gravações sumiram, mas restou a transcrição em papel — uma delas, inclusive, com anotações a caneta do próprio Fábio.

Foto de Fábio Penteado, recém-formado, para o editorial da revista Visão, 1956.

Este livro traz um material inédito sobre as ideias e projetos de Fábio Penteado, mas pode também contribuir para uma melhor compreensão do movimento moderno brasileiro, especialmente se considerarmos que a história da arquitetura moderna envolve não só os edifícios, mas também a consciência e as polêmicas travadas no século XX. As ideias, propostas e projetos — alguns realizados, outros não — traduzem as inquietações de uma sociedade ávida por mudanças. Dizia Fábio:

> As pessoas se expressam pela linguagem que ouvem. Naquele tempo, pairava no ar um ideal de liberdade, um sonho de transformar a sociedade segundo padrões justos e sem preconceitos. Constatava-se um aumento populacional surpreendente, por vezes até assustador. Acreditava-se nas vantagens da tecnologia e havia uma fé de que o "desenho" poderia resolver muitos problemas sociais. Éramos uma classe solidária.

Vários de seus projetos não foram realizados, provavelmente por estarem à frente de seu tempo, situados no limiar que separa a utopia de ontem da realidade de amanhã. Na época, foram vistos como exercícios futuristas; o tempo, entretanto, os torna cada vez mais factíveis. Premonitórios, quem sabe.

DAS ORIGENS AO INÍCIO DA CAMINHADA NA ARQUITETURA

Por laços de sangue, Fábio nem teria sido um Penteado. Seu avô paterno, Gabriel, era filho legítimo de imigrantes italianos, que herdou o sobrenome do pai adotivo, Joaquim Ferreira, um campineiro que ficou rico e que, por sua vez, teria assumido o cognome Penteado de um antigo patrão.

Por parte de mãe, Fábio era descendente dos Moura Albuquerque, família que mandava e desmandava no sertão de Rio de Contas, Chapada Diamantina, até que um amor proibido deflagrou a sequência de crimes e vinganças mencionados por Jorge Amado no romance *ABC de Castro Alves*, levando-os a mudar de Estado. Foi quando o bisavô materno de Fábio, Antônio Martinelle de Moura e Albuquerque, virou tropeiro, passando a conduzir tropas de mil burros no trajeto Bahia — Uruguai, ao lado de Martinho Prado, até se fixar como cafeicultor em Ribeirão Preto, interior de São Paulo.

Os trens já tinham tomado o lugar dos burros, mas o Brasil ainda continuava a ser o país do café quando Gabriel Penteado, avô de Fábio, montou sua construtora. Engenheiro ferroviário, foi responsável pela modernização da Estrada de Ferro Paulista, entre outras grandes obras, incluindo enormes armazéns para estocar café erguidos no entroncamento das ferrovias e das incipientes rodovias que começavam a cortar o estado no início do século XX.

Estradas precárias não frearam o espírito aventureiro de seu filho, pai de Fábio, Joaquim Gabriel, o Joá. Bastava um simples carreiro de boi e lá ia ele, dirigindo um Studebaker, com o porta-malas cheio de pneus. Aos 23 anos, Joá foi ajudar o pai numa obra em Itirapina, onde um ramal da Paulista cortava ao meio a fazenda dos Moura e Albuquerque. Ali conheceu Maria Antonieta. Joá, que não sabia da trágica história dos Moura no sertão da Bahia, ficou deslumbrado com a beleza da jovem de 19 anos e fretou um trem só para visitá-la.

Casa da Fazenda Maracaju, projetada e construída por Antônio Martiniano Moura Albuquerque, bisavô materno de Fábio Penteado, em Santa Cruz das Palmeiras, 1885.

Impressionou tanto a moça que, pouco tempo depois, ainda em 1926, estavam casados. Joá não queria plantar café com o sogro, nem trabalhar na construtora do pai e se tornou sócio numa pequena fábrica de lápis em Campinas, a Lápis Maia, montada por Adalberto Maia, um pequeno comerciante, junto com vários professores da cidade. Um a um, os mestres abandonaram o negócio complicado, que enfrentava a concorrência de outra empresa na vizinha São Carlos. Joá persistiu e em 1932, a fábrica tornou-se viável. Dois anos mais tarde, juntou forças com seu principal concorrente. Mas não se contentou com os lápis: comprou uma pequena fábrica que produzia 40 fogões a carvão por mês, além de aquecedores de água quente — a Dako, fundada por um húngaro.

Em 1935, aos 32 anos, Joá levou a família toda para São Paulo. Fábio, o terceiro dos quatro filhos, tinha seis anos: nascera no dia 3 de junho de 1929, meses antes da grande crise provocada pela quebra da Bolsa de Nova York, que acabou arruinando os Moura e Albuquerque.

Aos seis anos, o garoto já vivia na rua Piauí, no elegante bairro de Higienópolis, em São Paulo. Passou a brincar na praça Buenos Aires com crianças das melhores famílias paulistanas, devidamente vigiado por uma *Fräulein* alemã, e foi estudar a poucas quadras dali, no Colégio Ophélia Fonseca, na rua Bahia.

Bisneto de tropeiro, neto de engenheiro, filho de industrial, o garoto Fábio queria mesmo é ser jogador de futebol. Era ponta direita do Estudantes Paulistas, um time de operários — estudante mesmo, só Fábio — e usava um uniforme igual ao do Fluminense. Disputou muitas partidas nos campos de várzea próximos ao rio Pinheiros — tinha, inclusive, uma carteirinha fornecida pela Federação Paulista de Futebol, de que se lembra com orgulho — e brigou todas as vezes que os outros garotos implicavam com seu irmão, por causa de uma deficiência física.

No final do colegial, prestou exame na Faculdade de Engenharia Industrial Padre Sabóia de Medeiros — o embrião de uma universidade mantida com a cota anual de uma centena de empresários, dentre os quais estava o pai de Fábio. Não entrou. Seu melhor amigo, quase um irmão, era Jaime Velloso de Castro, que também

PERGUNTA E RESPOSTA

"O país está parado. Como não há demanda de projetos com propostas mais globais, o que sobra é um conjunto de desenhos pontuais de residências, condomínios, conjuntos comerciais e escritórios que eu acho extremamente repetitivos. Mas é uma pobreza esperada. Quando a pergunta, ou seja, a demanda, é burra, a resposta é sempre fraca."

(Revista da Folha, 01 ago. 1993)

ALMA E NATUREZA

"[...] tudo que se possa falar de arquitetura nasceu e se desenvolveu no Rio de Janeiro... A cidade sempre teve, além do espaço aberto para o mar e o contato com a natureza, palácios, praças e espaços públicos diferenciados. Ao contrário de São Paulo."

(Projeto Design, 01 abr. 2004)

CONCRETO BRUTAL

"[A escola paulista de arquitetura] passou a ser uma forma caipiríssima de interpretar. Tudo era concreto aparente: coisas medíocres e medonhas, só porque eram de concreto aparente, estavam dentro dessa escola. [...] Imagine uma sequência de tudo em concreto, capenga, brutalista."

(Projeto Design, 01 abr. 2004)

IDENTIDADE URBANA

"Como paisagem urbana, São Paulo é de uma tristeza absoluta."

(Projeto Design, 01 abr. 2004)

VISÃO REDUZIDA

"Certamente o que se convencionou chamar de Escola Paulista nunca representou o pensamento da maioria dos arquitetos de São Paulo."

(Projeto Design, 01.abr. 2004)

UNIDADE URBANA

"Não é só o fato de receber gente, é que o que aconteceu em São Paulo, se é que houve uma cidade que tinha unidade urbana até chegar a 1 milhão de habitantes, isso se dissolveu, não volta mais. O que era dentro das linhas tradicionais, o centro, o bonde etc. acabou. Não tem mais. Perdeu. Se descaracterizou como cidade."

(*Vitruvius*, 22 nov. 2011)

GOVERNO CARVALHO PINTO

"[...] fez um plano de ação e, num só ano, contratou 400 projetos de arquitetura. Obviamente, houve uma enxurrada de projetos improvisados, porque não havia cultura de conhecimento nem informações."

(*Projeto Design*, 01 abr. 2004)

ARQUITETURA BRASILEIRA

"Se o Brasil tem 130 milhões de habitantes e talvez 1% já usou ou conhece o trabalho dos arquitetos, então acredito que não existe um posicionamento da arquitetura brasileira, seja em termos de linguagem ou aplicação prática... Mas ela ainda está pouco ajustada à realidade do país. No Brasil, quando a arquitetura atingir uma grande parte da população, ela se realizará."

(*Diário do Povo*, 15 mai. 1988)

FORMAÇÃO

"Na época, eu conheci o Instituto de Arquitetos, eu conheci o Artigas... Foi tudo muito novo pra mim, porque eu não conhecia arquiteto e vi aquelas pessoas por quem eu tinha grande respeito e que faziam um esforço muito grande, porque ninguém contratava arquiteto, não era habitual um arquiteto vender um projeto, vender papel. Quer dizer, o cara, quando queria fazer alguma coisa, chamava o engenheiro, que dava a obra pronta. Conhecer, e pouco a pouco participar, entrar no jogo, me obrigou a querer ser gente."

(*Vitruvius*, 22 nov. 2011)

"[...] eu acho que aprendi realmente no processo de fazer, escrevendo — e para escrever, me obrigava a conviver com os grandes arquitetos do Brasil, com os arquitetos de fora, com as revistas, com os livros [...]"

(Palestra)

"Quando eu estudava no Mackenzie, era quase que uma coisa de marginal, como se fossem os diagnósticos, comparáveis, e a arquitetura moderna era chamada de uma coisa de mau gosto [...]"

(Palestra)

Fábio Penteado e família em casa rural, anos 1950; com amigos ao lado avião "Ryan", 1944; em medição topográfica, 1953.

foi reprovado, só que no exame para o curso de Arquitetura no Mackenzie. Na lembrança sempre humorada de Fábio, Jaime tinha um método peculiar e aparentemente infalível de enfrentar as provas — o da tentativa e erro. Com isso, tirou dez em quase todas as matérias, mas zero em Física, disciplina em que seu sistema não funcionou.

No ano seguinte, 1948, Fábio resolveu seguir o amigo. Não havia um só arquiteto entre os Penteado ou os Moura e Albuquerque e ele mesmo nunca tinha visto um. Mas precisava fazer uma faculdade, era péssimo em Matemática e Química, gostava de desenhar e ainda teria a companhia de Jaime. Quando saiu o resultado, ambos tinham passado: Jaime em primeiro, Fábio em último.

Segundo o próprio Fábio, a escola de Arquitetura do Mackenzie estava tão fora do tempo quanto seu novo calouro. Fábio não demonstrava curiosidade e a faculdade não lhe provocou qualquer interesse. O famoso arquiteto francês Le Corbusier já estivera no Brasil, pregando seu ideário modernista, e Oscar Niemeyer tinha participado do projeto para a nova sede do Ministério da Educação e Saúde no Rio, mas o diretor da escola de Arquitetura do Mackenzie só admitia a arquitetura inspirada ou copiada dos clássicos. Modernidade, dizia Fábio, na concepção do famoso professor Christiano Stockler das Neves, era crime. Semanalmente, Stockler publicava, no jornal *A Gazeta*, críticas veementes sobre o que chamava de monstruosidades arquitetônicas e desvarios modernistas, enquanto Fábio dormia na sala de aula.

Além disso, o Mackenzie e a Faculdade de Arquitetura e Urbanismo da USP, onde os adeptos do tal Modernismo eram admitidos e incensados, não tinham qualquer relação — quer entre professores, quer entre seus alunos. Fábio me relatou mais de uma vez que foi um aluno pouco atento e interessado. Talvez seja necessário relativizar a informação, já que ele também dizia ter ajudado colegas em seus trabalhos. Boa parte de seu interesse estava focado na convivência com um grupo diferenciado, dentro da escola: o dos estudantes que desenhavam e pintavam. Entre eles, futuros arquitetos com uma obra significativa, como Carlos Millan, Alfredo Paesani, Pedro Paulo Saraiva, Paulo Mendes da Rocha, Telésforo Cristófani.

Ainda assim, ao passar para o último ano, Fábio tinha praticamente abandonado a ideia de receber o diploma. Tendo vivido alienado das coisas durante tanto tempo, nem sabia o que fazer com ele.

DE ESTUDANTE A ARQUITETO

● Edifício residencial Alameda Franca, São Paulo, 1954. ● Hotel (concurso), São Carlos, 1953. ● Edifício residencial Rua Itacolomi, São Paulo, 1953. ● Sede Clube Campineiro, Campinas, 1954. ● Estação de Tratamento de Água do ABC, Santo André/São Bernardo/São Caetano, 1954. ● Estação de Tratamento de Água (ETA) 2, Campinas, 1956. ● Estação de Tratamento de Água (ETA), Pirassununga, 1957. ● Edifício residencial Dona Veridiana, São Paulo, 1959

Apesar do desinteresse, Fábio fez três projetos no começo da carreira. Um edifício na rua Itacolomi, em Higienópolis, bairro elegante de São Paulo; um hotel para um concurso de arquitetura em São Carlos, organizado pelo Instituto de Arquitetos do Brasil-SP (IABsp), que lhe deu o segundo lugar, e um prédio na alameda Franca que acabou sendo construído e é até hoje considerado um edifício moderno.

Tio de Fábio, Arnaldo Borba de Morais pediu a um arquiteto o projeto para um edifício residencial na rua Itacolomi, que não foi aceito. Ainda no terceiro ano do Mackenzie, Fábio fez, despretensiosamente, um anteprojeto para esse edifício residencial, que acabou sendo desenvolvido e executado com sucesso pela Construtora Barreto-Xande & Cia.

Mas pode-se dizer que o primeiro grande estímulo à carreira de Fábio foi o concurso para projetar um hotel em São Carlos, realizado pouco antes de ter obtido o diploma. O lançamento de um concurso para um empreendimento privado no interior, aos moldes do que pregava o Instituto de Arquitetos do Brasil (IAB),[4] era uma novidade. Houve oito concorrentes e Fábio ficou em segundo lugar. O vencedor foi o arquiteto de origem polonesa Lucjan Korngold, que projetou, entre outros, o edifício CBI Esplanada, no Vale do Anhangabaú, na época o mais alto do mundo em estrutura de concreto armado.

Já o edifício de cinco andares localizado na esquina da rua Peixoto Gomide com a alameda Franca, no bairro de Cerqueira César, em São Paulo, contou com a participação de Djalma de Macedo Soares. Convidado, juntamente com outros arquitetos, a apresentar um estudo para o terreno, Fábio teve seu projeto — que previa dois apartamentos de metragem definida por andar — escolhido pela construtora responsável pelo empreendimento. Trata-se de um edifício que até hoje conserva uma contemporaneidade, destacando-se na paisagem atual.

Alguns anos mais tarde, em 1959, Fábio projetaria outro edifício, localizado na rua Dona Veridiana, em Higienópolis. Nesse projeto, o arquiteto partiu da premissa de oferecer aos moradores um "chão aberto", permitindo uma flexibilidade nos arranjos internos. Trata-se de um edifício de dez andares, com um apartamento por andar, de aproximadamente 400 metros quadrados, dos quais 60 foram reservados para um terraço. A área de estar é orientada para esse terraço, de modo a reproduzir, em cada apartamento, um ambiente mais próximo ao de uma casa.

Com o diploma na mão, começou a trabalhar numa sala estreita e comprida — algo como 11 metros de comprimento por dois de largura — sobre uma loja na rua Riachuelo, centro de São Paulo.

---

4. O Instituto de Arquitetos do Brasil (IAB), Departamento de São Paulo, foi fundado em novembro de 1943, no período da Segunda Guerra Mundial, por um grupo de arquitetos liderado por João Batista Vilanova Artigas. O IAB adquiriu, por meio de cotização entre seus membros, um terreno de 300 metros quadrados na esquina das ruas Bento Freitas e General Jardim, no centro da cidade de São Paulo, onde seria erguida a sede. O projeto do edifício resultou de um concurso em outubro de 1946, no qual as três equipes mais bem avaliadas — lideradas por Rino Levi, Miguel Forte e Abelardo de Souza — foram convidadas a unir suas propostas. A construção, concluída ao longo dos anos 1950, segue princípios corbusianos, como planta livre, estrutura independente e fachada envidraçada. Além de abrigar a sede social do IABsp e escritórios de renomados profissionais, o prédio apresenta elementos arquitetônicos e artísticos singulares, como um painel de Antônio Bandeira no saguão de entrada e um móbile de Alexander Calder no pé-direito duplo do salão social. Tombado pelas três instâncias de proteção (Conpresp, Condephaat e Iphan), o edifício permanece um marco da arquitetura moderna brasileira e da história institucional do IABsp.

A luz vinha de um vitrô minúsculo que dava para o poço interno do prédio. O mobiliário resumia-se a duas pranchetas. Mas, pelo menos, Fábio tinha para onde ir.

Ele achava que não seria capaz de pagar por um lugar melhor, nem tinha a menor noção de como ganhar dinheiro. Ficou lá durante dois anos. No ateliê improvisado, fez projetos significativos, como o da estação de tratamento de água para o ABC, resultado de um consórcio entre os três municípios — Santo André, São Bernardo e São Caetano —, que lhe valeu seu primeiro prêmio de arquitetura, o Governador do Estado, muito importante na época.

Esse projeto chegou até ele por caminhos curiosos. Em 1954, um grupo de engenheiros procurou a Faculdade de Arquitetura do Mackenzie. Estavam em busca de arquitetos de talento e que cobrassem barato, para fazer obras de engenharia sanitária, e o diretor indicou-lhes um japonês, Ringo Kubota, cujo trabalho de graduação fora considerado excepcional. O que eles não sabiam é que esse trabalho, como o de outros 25 entre os 36 alunos do último ano, tinha sido feito por Fábio Penteado. Contratado pelos engenheiros, Ringo dividiu a tarefa com o responsável por sua graduação.

Foi nessa época que Fábio conheceu Stipan Dragutin Milicic. Estava no escritório de um engenheiro, quando o sujeito apontou para um homem de uns 35 anos, dizendo:

— Esse sujeito diz que é arquiteto iugoslavo e que está há três dias sem comer. Você não precisa de alguém para ajudar?

Indignado com o engenheiro, Fábio olhou admirado para o homem e acabou contratando Stipan. O iugoslavo tinha feito a guerra com o marechal Tito e trabalhado por lá como arquiteto, antes de chegar ao Brasil como imigrante movido por um drama pessoal. Tornou-se parceiro constante de Fábio e um dos arquitetos mais bem pagos da praça.

Prevista para um terreno elevado, à margem da via Anchieta, próximo à represa Billings, essa estação de tratamento representou, para os recém-formados, um primeiro desafio. Tratava-se de um programa normalmente atribuído aos engenheiros, que o resolviam segundo os padrões técnicos, e coube a eles dar a essa obra de infraestrutura um caráter arquitetônico.

Fábio Penteado com obra da estação de tratamento de água de Campinas ao fundo, final dos anos 1950.

O programa se compunha basicamente de salas de controle para o tratamento de água e uma área administrativa. O uso de brise-soleil e a modulação dos painéis de vedação deram um ritmo muito dinâmico à composição.

A experiência rendeu frutos: projetaram mais três estações sempre para a mesma empresa, Planidro — duas em Campinas e uma em Pirassununga. A ETA 2, em Campinas, foi desenhada em 1956 —um edifício de dois andares, em que o superior se desprende do inferior por meio da caixilharia, resultando num jogo volumétrico bastante harmônico, que se impõe como um marco referencial na paisagem desprovida de edificações.

O elemento mais forte na paisagem era o vermelho de um bosque de flamboyants, que serviu de inspiração à composição arquitetônica. Reproduzido no elemento vazado, utilizado como vedação do pavimento superior, configurou um ato de respeito à natureza transformado em desenho.

Foi também na comprida sala na rua Riachuelo, ainda recém-formado, a pedido do Banco do Estado de São Paulo, que Fábio desenhou a nova sede do tradicional Clube Campineiro, em cujo andar térreo seria instalada a regional do banco. Joá, o pai de Fábio, era presidente do clube e estava preocupado com o que diriam diante do fato de o prédio ter sido projetado por seu filho. Consultou o arquiteto Eduardo Kneese de Mello, presidente do IAB, e este sugeriu que fosse feito um concurso oficial pelo instituto.

Fábio, cujo projeto já havia sido aprovado pelo Banco, aceitou a ideia. Com a ajuda de Stipan, melhorou sua proposta e ganhou o concurso — mas não o reconhecimento quanto à lisura do processo.

Os jornais de Campinas e até o mais importante diário da capital — *O Estado de S. Paulo* — noticiaram o caso como se tivesse sido tudo armado para que o trabalho do filho do presidente fosse escolhido. Acusação que Fábio Penteado costumava repetir, anos mais tarde, em tom de brincadeira, para o sempre contido e respeitado Eduardo Kneese de Mello, que respondia com um recurso jamais utilizado por ele em outras circunstâncias: um sonoro palavrão. Antes de encarar o caso como piada, Fábio quis até abandonar a profissão. Quem o fez mudar de ideia foi o presidente do IAB, que foi até a sobreloja escura e estreita e deixou claro que as críticas não tinham fundamento.

Em 1956, acabou se mudando para um endereço muito mais apropriado, graças ao mesmo Eduardo Kneese de Mello. Embora não tivesse nem escritório na época, o presidente do IAB fez com que Fábio alugasse uma sala no prédio do IAB, onde estavam os nomes mais conhecidos da arquitetura em São Paulo, como Vilanova Artigas e Ícaro de Castro Mello. No novo endereço, Fábio passou a frequentar o bar que fica na sobreloja, sem saber bem o que estava fazendo ali. Havia estudantes e jovens arquitetos, como David Libeskind, Jon Maitrejean, Pedro Paulo Saraiva, e os figurões, como Ícaro, Artigas e Rino Levi.

PROMOVENDO A ARQUITETURA MODERNA... E APRENDENDO

Era um tempo agitado para a arquitetura brasileira, mobilizada pela construção de Brasília e pelo desenvolvimentismo do presidente Juscelino Kubitschek. O bar da sede do IAB na rua Bento Freitas, na Vila Buarque,[5] era ponto de encontro da intelectualidade paulista e não havia uma semana em que não aparecesse por ali alguém interessado em conhecer as ideias e os trabalhos dos arquitetos.

5. Vila Buarque é um bairro da região central de São Paulo. Recebeu esse nome em homenagem à família Buarque de Macedo, em especial a Manuel Buarque de Macedo, importante figura no desenvolvimento urbano local. Originado do loteamento da antiga Chácara do Arouche, no século XIX, o bairro abriga instituições como a Santa Casa de Misericórdia, a Faculdade de Ciências Médicas da Santa Casa de São Paulo, além de espaços culturais marcantes como o Teatro Anchieta, o Teatro de Arena e o lendário João Sebastião Bar, ponto de encontro de grandes nomes da bossa nova.

Não era outro o interesse de Nahum Sirotsky,[6] que, em 1956, apareceu um dia no bar, na hora do almoço. Três anos mais velho que Fábio, o jornalista tinha assumido a direção da *Visão*, revista destinada aos homens de negócio e terceira publicação do país, só superada por *O Cruzeiro* e *Manchete*. Nahum entregou um exemplar da sua revista a cada arquiteto sentado na grande mesa junto ao balcão e começou a explicar como pretendia sacudir a imprensa brasileira a partir de novas seções como Medicina, Energia Atômica, Arquitetura e Urbanismo. Segundo ele, até as propagandas veiculadas deveriam espelhar a verdade. Sentado no fundo da mesa, Fábio abriu a revista e notou um anúncio de um revestimento de forro. O mesmo material utilizado dois anos antes, num prédio que pegara fogo. Não fez por menos:

— Se isso é verdade, como a sua revista publica este anúncio de um material que pega fogo?

Sem jeito, Nahum encerrou a conversa. Às quatro da tarde, telefonou para Fábio e o convidou para ir até a redação e ali lhe ofereceu o cargo de editor de arquitetura.

Fábio respondeu que devia haver algum engano: tinha 26 anos, não sabia nada de Arquitetura e Urbanismo e muito menos de Jornalismo. Nahum devolveu:

— Pois é exatamente isso que eu procuro.

Foi o começo de uma aventura curiosa, que durou até 1962. Para aceitá-la, Fábio quis o aval do IAB, pois entendia que deveria cumprir a tarefa em nome de todos os arquitetos.

Fez seu primeiro artigo numa folha enorme de papel vegetal, em letra de forma, escrita com caneta de ponta grossa. Quando o canudo que mais parecia uma planta chegou à redação, ninguém sabia o que fazer com ele. Nahum entregou a missão para Paulo

---

6. Nahum Sirotsky (1925-2015) foi um jornalista brasileiro de carreira sólida, reconhecido internacionalmente como correspondente. Nascido em São Paulo e tendo passado sua infância e adolescência no Rio Grande do Sul, iniciou sua carreira jornalística em 1943 no jornal *O Globo*, no Rio de Janeiro, e, em 1945, tornou-se correspondente brasileiro na ONU, acompanhando a criação do Estado de Israel. Ao longo de seus 72 anos de atuação, Sirotsky trabalhou para veículos como *O Estado de S. Paulo*, *Jornal do Brasil*, *Zero Hora* e *Diário da Noite*, além de fundar a revista *Senhor* (publicada de 1959 a 64) e ter passagens marcantes na *Manchete*. Atuou também como diplomata, tendo sido correspondente em Washington e Tel Aviv, onde encerrou sua carreira. Faleceu em Tel Aviv, Israel, em 28 de novembro de 2015, aos 89 anos, devido a complicações decorrentes de câncer no intestino.

O novo templo do Rio, projeto de Oscar Niemeyer, no dia da inauguração

Reprodução do Daniel, do Aleijadinho

DEUS
tem casa moderna

Foi consagrada pelo Cardeal-arcebispo do Rio de Janeiro, Dom Jaime Camara, e inaugurada com a presença do Presidente Juscelino Kubitschek, a Igreja de São Daniel. O projeto é de Oscar Niemeyer, o interior e os móveis são de Heitor Coutinho. Uma Via Sacra de Guignard e uma reprodução da imagem de São Daniel, do Aleijadinho, executada por Edson Mota, completam sua decoração. A Igreja localiza-se no Conjunto Residencial São José, à Avenida dos Democráticos 30, no Rio, e foi construída por iniciativa de Dona Elba Sette Camara, espôsa do ex-Governador do Estado da Guanabara.

* * *

O templo está situado em uma pequena praça sem árvores e cercado de casas populares. Tem forma circular (diâmetro de 15 metros) e sua estrutura, constituída de cimento armado e rebôco, é caiada de branco. Em frente à entrada principal, vêem-se um pequeno jardim com campanário, mastros laterais (estruturas paralelas) e uma cruz de madeira. O equilíbrio visual da arquitetura, segundo a crítica, foi rompido pela cruz de madeira plantada à frente. da igreja e que quase esmaga a sua perspectiva. O cruzeiro não estava previsto no projeto original.

A forma circular da Igreja de São Daniel é uma sequência da idéia adotada nos projetos anteriores de Niemeyer para a Catedral de Brasília e para a Capela do Alvorada. Houve, porém, em relação àqueles dois trabalhos, maior preocupação de funcionalidade, com possíveis prejuízos plásticos. Nesta igreja, conseguiu o arquiteto estabelecer a necessária intimidade entre a religião e o fiel. O altar não é isolado do crente por nenhuma nave majestosa, como quase sempre acontece nos templos de construção ortodoxa.

Altar da nova igreja foi desenhado por Heitor Coutinho

Sempre fiel ao seu estilo, e não sacrificando nenhuma das características de seus projetos, Niemeyer conseguiu imprimir à sobriedade das linhas e à beleza do conjunto um tom de misticismo, alcançando assim uma procurada síntese do modernismo com os cânones da arte sacra.

Para a obtenção dêsse efeito, foi muito importante o interior executado por Heitor Coutinho. Suas preferências pessoais, que se inclinam para o barroco, foram desta vez sacrificadas em favor da harmonia com o estilo arquite-

Revista Visão, 26 dez. 1960, p. 77.

Fábio Penteado no programa Arquitetos, na TV Excelsior, 1961.

Afonso Grisolli, que, aos 19 anos, já era um jornalista experiente. No contato com esse instrutor, Fábio aprendeu os truques do ofício e percebeu que podia realizar um trabalho marcado pela disciplina, ao datilografar, com algum esforço, os textos que produzia.

Como editor da *Visão*, Fábio deu significativa contribuição à divulgação dos trabalhos de arquitetura. Colocou a arquitetura na esfera de interesse dos empresários, ao lado das questões econômicas e políticas, traduzindo a linguagem arquitetônica para um público leigo.

Por seus artigos, o público pôde acompanhar toda a trajetória da construção da nova capital, desde o relatório de escolha do local, o concurso, o projeto, até a execução e a inauguração. Também foi publicado o outro lado dessa grande aventura, qual seja, como o Rio de Janeiro se preparava para deixar de ser sede do governo, além de uma série de artigos sobre outras capitais planejadas. Durante algumas semanas, Fábio trouxe informações sobre propostas, conceitos e os arquitetos responsáveis pelos planos de Camberra,[7] capital da Austrália; de Nova Deli,[8] nova capital da Índia; Ancara,[9] que substituiu Istambul como capital da Turquia; Islamabad,[10] que o Paquistão construiu doze anos após ter se separado da Índia.

---

7. A escolha de Camberra como capital, em 1909, visava encerrar a rivalidade entre Sydney e Melbourne. Em 1911, o governo australiano promoveu um concurso internacional de arquitetura que selecionou o projeto de Walter Burley Griffin e Marion Mahony Griffin; a construção iniciou-se em 1913 e prolongou-se até 1927. Planejada dentro do conceito de "cidade-jardim" e integrando amplas áreas de vegetação natural, Camberra consolidou-se como a nova sede do governo do país.

8. A construção de Nova Deli foi decidida em 1911, durante o Raj Britânico (1858-1947), período em que a Índia esteve sob domínio direto da Coroa britânica. O rei Jorge V anunciou a transferência da capital de Calcutá para Deli para facilitar a administração. Projetada sobretudo por Edwin Lutyens, a cidade foi inaugurada em 1931. A Índia tornou-se independente em 1947.

9. Embora seja uma cidade muito antiga, Ancara só se tornou capital em 1923, após a proclamação da República por Mustafá Kemal Atatürk. A mudança visava firmar o novo regime, afastando-se do passado imperial otomano e reduzindo a vulnerabilidade geoestratégica de Istambul, que estivera ocupada pelas forças aliadas no período pós-Primeira Guerra Mundial.

10. Islamabad é uma cidade planejada, erguida na década de 1960 para substituir Carachi como capital do Paquistão por razões de estratégia e centralidade. Em 1959, o governo contratou o urbanista grego Constantinos Doxiadis para desenvolver o plano diretor, contemplando largas avenidas, áreas verdes e edifícios administrativos. A cidade se tornou efetivamente a sede do poder em 1963, situando-se no planalto Potohar, ao sul dos montes Margalla, numa área historicamente vinculada ao Panjabe — região cultural que abrange partes do Paquistão e do noroeste da Índia. Desde então, o plano urbano vem sendo revisado para atender ao crescimento populacional e às demandas atuais.

Sempre com a intenção de fortalecer a profissão, divulgou projetos, concursos e exposições que pudessem interessar ou conquistar um público mais diversificado. Teve inclusive um programa na TV *Excelsior*.

Percorrendo a coleção dos artigos para a *Visão*, preservada no Arquivo Fábio Penteado, é possível acompanhar o desenrolar da arquitetura brasileira e resgatar dados valiosos para nossa escassa historiografia da arquitetura, ainda que tenham sido direcionados para um público não especializado: o lançamento do livro de Henrique Mindlin, *Modern Architecture in Brazil*; o projeto para a casa do estudante brasileiro em Paris, de Lúcio Costa; sugestões para problemas de estacionamento; as torres mais altas do mundo, projetadas para hotéis nos Estados Unidos; além de depoimentos de pessoas que constataram como era mais fácil construir com o auxílio de um arquiteto. Fábio sempre se orgulhou dessa atividade:

> Escrever implica em aprender e eu tinha de produzir quinzenalmente um texto sobre arquitetura. Quando um arquiteto descreve seu projeto, coloca sempre uma visão utópica ou humanista de beleza. Mas ao examinar plantas, cortes e fachadas, eu constatava, muitas vezes, que era impossível identificar aquela intenção sublime. Percebi claramente que quando você diz que um projeto é isso ou aquilo, precisa mostrar o que é, concretizar essa promessa.

Descobriu mais sobre arquitetura ao conversar com arquitetos como repórter. Em sua seção, não ia em busca da beleza excepcional de um ou outro projeto, preferindo dar espaço para o trabalho inovador de jovens profissionais de todo o país.

Quando os palácios de Brasília começaram a ser conhecidos e certos arquitetos brasileiros passaram a rosnar pelos cantos seu descontentamento contra os privilégios dados a Oscar Niemeyer, Fábio mandou uma nota para as influentes páginas amarelas da revista. Nela reproduzia um fictício diálogo entre o presidente Kubitschek e alguns amigos sobre o porquê de ter entregado todos os projetos a um só arquiteto. Juscelino teria dito:

ARQUITETURA

Projeto do arquiteto francês Le Corbusier para um edifício de 14 andares com mais de 22 quilômetros de comprimento

QUANDO ARQUITETOS SONHAM

Alguns arquitetos contemporâneos acompanham os avanços tecnológicos quase miraculosos do século XX através de projetos os mais ousados. Houve arquitetos que projetaram cidades fabulosas, estradas suspensas, urbanizações fantásticas, chegando-se mesmo a pensar em converter os Alpes em bases de concepções arquitetônicas pràticamente impossíveis de serem realizadas.

Entretanto, o Museu de Arte Moderna de Nova York compreendeu a importância de tais idéias no incentivo ao desenvolvimento da arquitetura contemporânea, e acaba de inaugurar uma exposição de projetos que até hoje não puderam ser realizados — e que talvez nunca o possam ser — de autoria de alguns dos arquitetos mais famosos dos nossos dias.

Entre êles, destacam-se:

■ Um arranha-céu desenhado por Frank Lloyd Wright, para ser construído na cidade de Chicago, EUA. Teria 1.600 metros de altura, 56 elevadores movidos por energia atômica e capacidade para abrigar 130 mil pessoas.

■ Um projeto de Le Corbusier para um edifício de 14 andares, com mais de 22 quilômetros de comprimento, o qual comportaria uma verdadeira auto-estrada em sua parte superior.

"Cidade do Futuro", projeto do arquiteto Vincent Korda, realizado em 1936

VISÃO, 4 DE NOVEMBRO DE 1960

71

Artigo na Revista Visão, 4 nov. 1960, p. 71.

— Vocês acham que o papa Júlio II, conhecendo Michelangelo, chamaria outro arquiteto para fazer a igreja de São Pedro?

Na semana seguinte, o diretor da sucursal carioca da *Visão* comentou a nota com o presidente. Juscelino, que não tinha dito a frase, admitiu:

— Mas podia perfeitamente ter dito.

Não foi sua única estocada contra o preconceito. Numa reportagem de capa sobre arquitetura religiosa, Fábio apresentou os projetos de várias igrejas modernas no mundo todo e criticou a mesquinhez do clero brasileiro, que proibia o uso religioso da capela de Pampulha, uma das obras-primas de Oscar Niemeyer, embelezada por painéis de Cândido Portinari — ambos ligados ao Partido Comunista.

Fábio lembrou que, na França, durante o tempo em que ficou internado numa clínica em Vence, Matisse havia pintado a capela da cidadezinha com outros amigos. E que Rouault tinha feito um vitral para outra capela no interior da França — ambas condenadas pelos padres, por terem sido decoradas por boêmios e ateus.

A reportagem serviu de argumento para que o então bispo auxiliar do Rio de Janeiro, dom Helder Câmara, revertesse a situação, abrindo a Pampulha para serviços religiosos.

Em outra ocasião, disparou suas baterias contra os colegas que ameaçavam punir o arquiteto carioca Sérgio Bernardes por ter feito um projeto para o aeroporto de Brasília, inovador e surpreendente, mas que não havia sido solicitado por ninguém. Fábio falou com Bernardes e publicou o trabalho na *Visão*, liquidando assim com a ameaça de processo.

O ENSINO DA CRIATIVIDADE

De 1961 a 1964, Fábio Penteado lecionou desenho artístico na Faculdade de Arquitetura do Mackenzie, ministrando a chamada cadeira de Teoria da Criatividade, que, embora carregasse um nome que soa radical, tinha como objetivo demonstrar que qualquer um dos 60 alunos poderia ser criativo. Ele buscava, através de uma série de artifícios, mostrar que, mesmo sem ser o mais bonito ou tradicional, o desenho era uma forma de expressão que refletia as diversas ideias presentes na arquitetura, na arte, na cultura e na saúde.

Fábio enfatizava que o processo criativo não podia ser completamente explicado, como já mencionado. Assim, procurava transmitir aos alunos que a criatividade estava, antes de tudo, em reconhecer e materializar o potencial de qualquer objeto ou movimento, fosse ele natural ou físico. Seu método incluía a introdução dos croquis de arquitetura na disciplina, incentivando os alunos a desenhar o campus, o bairro e a observar os detalhes do entorno, o que transformava a prática em uma espécie de laboratório de ideias.

O desafio de enfrentar uma turma de 60 alunos, cada um com seu próprio ritmo e dificuldade em se expressar, levou-o a buscar formas de garantir que todos se sentissem seguros para desenvolver sua própria linguagem visual. Em uma ocasião marcante, recorda-se de incentivar que um aluno, que apresentava dificuldades — grande e corpulento, com mãos suadas que tornavam o papel melado —, usasse a mão esquerda para desenhar, o que, segundo Penteado, o proporcionou uma sensação de liberdade criativa inédita.

Essa experiência, embora breve, foi decisiva para formar uma geração de arquitetos sensíveis aos seus princípios. Para alguns ex-alunos, como o arquiteto Tito Lívio Frascino, Fábio foi a maior influência, do ponto de vista conceitual. Para eles, transformar o desenho em algo que se fundia com o ambiente — como no campus, onde o croqui se transformava em projeto real no terreno — era uma prática que enriquecia o aprendizado.

A abordagem de Fábio no ensino do desenho artístico buscava romper com os métodos clássicos, valorizando a capacidade de interpretação e de conceituação dos alunos, e estimulando-os a desenvolver sua criatividade sem preconceitos técnicos. Essa experiência permanece como um marco que ajudou a definir novos paradigmas na formação de arquitetos, privilegiando o ato de desenhar como expressão vital e dinâmica da criatividade.

REPRESENTANDO OS ARQUITETOS

O IABsp mudou-se, nos primeiros anos da década de 1950, para o edifício-sede onde hoje se encontra, localizado nas imediações do chamado "centro novo", região compreendida entre a Praça da República e o Vale do Anhangabaú, onde já se concentrava boa parte dos escritórios de profissionais liberais.

Muitos arquitetos transferiram para lá seus ateliês, como Vilanova Artigas, Miguel Forte, Oswaldo Corrêa Gonçalves, Ícaro de Castro Mello, Ariosto Mila, além dos engenheiros Ítalo Eugenio Mauro e Eduardo Kneese de Mello, que, em 1956, convidou Fábio para ocupar uma sala no sexto andar de seu escritório, onde permaneceu até falecer.

Geralmente, as reuniões que começavam na hora do almoço se estendiam pela tarde, às vezes, noite adentro. Os pioneiros — Ícaro, Artigas, Luís Saia, Corrêa Gonçalves, Miguel Badra — tratavam de atrair os mais jovens, como o próprio Fábio, David Libeskind, Carlos Millan, Joaquim Guedes, Jorge Wilheim, Paulo Mendes da Rocha, Pedro Paulo de Melo Saraiva, Abrahão Sanovicz e Júlio Katinsky para livres trocas de ideias, quase sempre regadas a uísque, nas mesas do bar da sobreloja ou até na penumbra do

Edifício IAB-SP, rua Bento Freitas, 306, década de 1950.

DESENHO

"O desenho não pode representar, ele sozinho, o labor de uma tese de filosofia ou de uma ação política de construção."

(Projeto Design, 01 abr. 2004)

"Eu vou fazer um projeto que não usa régua T nem esquadro, eu fiz várias casas bonitas e que, de um ponto de apoio, surgiu uma casa. É um maneirismo também, se quiser dizer, você ter uma casa onde grandes vigas eram amarradas com flores."

(Vitruvius, 22 nov. 2011)

"A conceituação do desenho, na busca da realidade, pode ser política; o desenho pelo desenho, não. Por outro lado, o desenho, enquanto obra do artista, representa o seu espaço individual."

(Arquitetura Revista, set. 1983)

MODERNIDADE EM AÇÃO

"Rapidamente, estamos nos aperfeiçoando na visão do mundo moderno que temos elaborado, como artistas conscientes do desenvolvimento técnico contemporâneo."

(Discurso do Paraninfo, UFRGS, dez. 1966)

CONHECER OS CONTRÁRIOS

"[...]sempre discuti na linha do que tinha aprendido, com a absoluta obrigação de conhecer os opostos."

(Projeto Design, 01 abr. 2004)

BELEZA

"O sentimento do belo é, em parte, a intuição de um acordo entre os homens e a natureza. Um acordo entre o homem e a conquista do cosmos. A conquista de uma liberdade de pensar, exprimir-se e desfrutar a vida."

(Discurso do Paraninfo, UFRGS, dez. 1966)

DESTEMOR

"Não temo os conflitos entre a técnica e as formas mais caras ao vosso espírito, como ainda há pouco aconselhava Oscar Niemeyer. Vejo o que temos conquistado, com os tão poucos recursos à nossa disposição [...]"

(Discurso do Paraninfo, UFRGS, dez. 1966)

RESISTÊNCIA OTIMISTA

"O hábito de planejar, criando desde as tarefas mais simples de quem levanta um abrigo, nos coloca numa posição de otimismo, ainda que sintamos a presença de um desafio imenso."

(Discurso do Paraninfo, UFRGS, dez. 1966)

ÍCONES

"Homens como Lúcio Costa, Oscar Niemeyer, Eduardo Reidy, Edgar Graeff e Vilanova Artigas fizeram obras e nelas puderam reconhecer o que era aproveitável de nosso passado histórico, o que era avanço tecnológico e o que era só pretensão de repetir aqui formas e soluções que não se ligam com o meio em que vivemos."

(Discurso do Paraninfo, UFRGS, dez. 1966)

FUTURO EM RISCO

"São marcas da dolorosa realidade em que se debate a universidade no Brasil, que até hoje se recusa a reconhecer o avanço do mundo moderno e se abstém de assumir o papel preponderante que lhe cabe na abertura das grandes perspectivas ao desenvolvimento de nossa pátria."

(Discurso do Paraninfo, UFRGS, dez. 1966)

COMPROMISSO HUMANO

"A própria definição da função do arquiteto está obrigatoriamente amarrada a um compromisso de levar o seu trabalho ao bem-estar do homem, em todas as suas necessidades [...]"

(Palestra)

Clubinho dos Artistas, no subsolo. Uma geração que queria projetar para um futuro em que todos acreditavam.

Em 1958, Fábio foi indicado pelo Conselho Superior do IAB para o cargo de Relações Internacionais da entidade. Concorreu como vice-presidente na chapa de Carlos Millan para o biênio de 1963-64, mas acabou derrotado pelos arquitetos que compunham a ala mais à direita, liderados por Júlio Neves e Alberto Botti.

Em 1966, assumiu a presidência do IAB Nacional, com o apoio das regionais do Norte, Nordeste, Centro-Oeste e Sul, num ato quase de desagravo à soberania do eixo Rio-São Paulo, pois os profissionais do Norte e Nordeste discutiam inclusive a possibilidade de se criar uma entidade independente.

A chegada de Fábio à presidência simbolizou uma mudança importante na postura institucional do IAB frente à conjuntura política repressiva após o golpe civil-militar de 1964. Até então, sob Ícaro de Castro Mello (presidente de 1960 a 1966), o IAB havia adotado uma posição oficialmente apolítica, evitando intervir em casos de arquitetos associados coagidos ou presos pela ditadura. Já sob a liderança de Fábio, o Instituto passou a sair em defesa de alguns de seus associados perseguidos pelo regime. Mesmo em um contexto de censura e autoritarismo, ele manteve o IAB engajado em debates profissionais com implicações políticas. Continuou — e intensificou — a crítica às novas políticas habitacionais do regime militar, inclusive em relação aos recém-criados Banco Nacional da Habitação (BNH) e Serviço Federal de Habitação e Urbanismo (SERFHAU).

Outra frente de atuação foi o apoio à comunidade acadêmica de arquitetura diante da repressão. Em 1965, a ditadura interveio na Universidade de Brasília (UnB), demitindo professores e fechando a Faculdade de Arquitetura e Artes, deixando os estudantes desamparados. Como presidente do IAB, Fábio atendeu ao chamado dos alunos da UnB em 1967 para negociar com o governo a reabertura do curso. Em meio às tratativas, chegou a ser nomeado diretor interino da escola no *Diário Oficial* — nomeação da qual abdicou no dia seguinte, por não desejar ocupar o cargo.

Segundo relatou ao jornal *Correio Braziliense*, numa das muitas conversas sobre o assunto, Oscar teria dito a Fábio:

— Ou volta tudo (os professores) ou fecha essa merda.

Ao que Fábio retrucou, convencendo o colega:

— Oscar, qual a diferença de uma merda aberta ou uma merda fechada?

Em setembro de 1966, em Salvador, Fábio presidiu o VI Congresso Brasileiro de Arquitetos. Temas que antes de 1964 eram centrais, como a reforma urbana, ficaram de fora, mas de forma velada — o Congresso discutiu questões como a posição dos arquitetos frente ao regime. Dividiram-se, grosso modo, em dois grupos: de um lado, aqueles dispostos a aproveitar as oportunidades do BNH (colaborando com projetos habitacionais do governo), e de outro, os que se opunham ao autoritarismo vigente e defendiam uma atuação mais reguladora e crítica da profissão no desenvolvimento urbano.

Assessorado pelo advogado Sobral Pinto, Fábio criou, em 1967, o Sindicato dos Arquitetos para garantir os direitos de classe. Passou, então, a atuar com grande empenho no sentido de fortalecer a representatividade de cada região e de garantir aos profissionais os projetos de suas respectivas localidades. Fez questão de manter contato direto com todas as regionais, passando mais de duzentos dias fora de São Paulo durante seu mandato, e também de promover a participação dos estudantes, inclusive dando-lhes direito a voto.

Em 1966, usando de sua peculiar estratégia de trazer o inimigo ao campo de combate e com o irrestrito apoio de Flávio Léo Azeredo da Silveira, convidou o ministro Campos a participar do Congresso de Curitiba, em que uma votação neutralizou a proposta comprometedora do ministro, de conceder registro profissional provisório a todos os arquitetos norte-americanos, sem a necessária revalidação dos seus diplomas. Para os tempos de regime militar, enfrentar uma quase imposição de um dos ministros mais fortes do governo foi uma grande vitória, por isso mesmo pouco alardeada.

Convidado a participar do Conselho Nacional de Planejamento, teve a oportunidade de inserir no Plano de Desenvolvimento as questões sobre o planejamento urbano, as áreas metropolitanas e a valorização do patrimônio histórico como fonte para o turismo, que passaram a integrar a constituição de 1988.

Fábio Penteado dirige a reunião do Conselho Superior do IAB, 1966. Da esquerda para a direita: Pedro Paulo de Mello Saraiva, Júlio Neves, Sabino Barroso, Carlos Maximiliano Fayet, Fábio Penteado, Flávio Léo Azevedo da Silveira, Reinaldo Calvo, Benito Sarno e Neudson Braga.

Uma de suas propostas, que infelizmente não se concretizou, foi a edição de um Catálogo Brasileiro de Construção, um instrumento de divulgação, e não de crítica arquitetônica, cujos resultados seriam investidos em novas publicações. Não haveria propaganda, apenas informações técnicas, e o IAB seria o responsável pela publicação. Teria sido o momento ideal para facilitar a comunicação entre o sistema industrial e os arquitetos, que na época era precária, e, ao mesmo tempo, estimular em ambos os lados a pesquisa de novos materiais e novas técnicas.

Na União Internacional dos Arquitetos (UIA), foi atuante membro do Comitê Executivo, entre 1969 e 75, na gestão do arquiteto mexicano Ramon Corona Martin.[11] Nos seminários e congressos de que participou, como o Congresso Internacional em Varna, na Bulgária, em 1972, trabalhou a questão da necessidade de formação de quadros técnicos específicos para a problemática dos países em desenvolvimento, enfatizando a importância da formação de equipes multidisciplinares para a elaboração dos planos diretores das metrópoles, num momento em que, particularmente no Brasil, organizavam-se megaprojetos de infraestrutura. Insistia que a seriedade do processo era alinhar a prática com a formação técnica.

Fábio concorreu como vice-presidente da UIA, com apoio do bloco do Leste europeu, na chapa do arquiteto russo Georgi Orlov[12] para a gestão de 1975 a 78, mas perdeu.

Na gestão de 1994/1995, foi presidente do Conselho Diretor do IAB-SP, tendo Elisabete França como vice. Dirigiu, ainda, a 2ª Bienal Internacional de Arquitetura de São Paulo, em 1993, permanecendo como diretor da Fundação Bienal até 1995.

---

11. Ramon Corona Martin foi um arquiteto mexicano que presidiu a União Internacional de Arquitetos (UIA) entre 1969 e 1972. Durante sua gestão, buscou ampliar a atuação da entidade junto a países do chamado Terceiro Mundo, promovendo congressos em contextos não europeus e defendendo uma arquitetura socialmente comprometida. Seu mandato coincidiu com um período de redefinições políticas no campo internacional da arquitetura, marcado pela aproximação entre profissionais da América Latina, África e Ásia.

12. Georgy Mikhailovich Orlov (1901–1985) foi um arquiteto russo-soviético de destaque no século XX. Formado na Universidade Técnica Estatal Bauman de Moscou, desempenhou papéis relevantes no urbanismo e na arquitetura monumental da União Soviética, sendo agraciado com o título de Arquiteto do Povo da URSS em 1971. Recebeu também a Ordem de Lênin e o Prêmio Stalin, em reconhecimento a sua contribuição à arquitetura estatal e à planificação urbana soviética.

UM CLUBE COMO A PRAIA

● Sede Social Sociedade Harmonia de Tênis, São Paulo, 1958/1964

Reza a lenda que a fundação do Clube Harmonia foi consequência da crise de 1929. Menos de um ano após a quebra da Bolsa de Nova York, maridos à beira da falência, até então agrupados na Sociedade Paulista de Tênis do Clube Athlético Paulistano, deixaram o machismo de lado para fechar um acordo com as senhoras da Sociedade Harmonia de Dança e, juntos, criar um novo clube. O que se sabe de fato é que, em setembro de 1930, 320 homens e mulheres da alta sociedade paulistana assinaram a ata de fundação da Sociedade Harmonia de Tênis, mais conhecida como Clube Harmonia, instalada em um novo empreendimento incorporado por uma empresa de Londres.

Era o Jardim América, primeiro de uma série de bairros em São Paulo projetados pela City of São Paulo Improvements and Freehold Land Company Limited (Companhia City), supervisionada em 1916 pelo arquiteto inglês Barry Parker. Inspirados nas cidades-jardim inglesas, dispunham de ampla área verde e de paisagismo que se adaptava à topografia existente. No projeto pioneiro do Jardim América, foram previstas áreas para quadras esportivas na parte central dos quarteirões.

Uma dessas áreas, ampliada a partir da compra de um lote, corresponde hoje à Sociedade Harmonia de Tênis. A praça da quadra, situada entre as ruas Canadá, Argentina e Brasil, foi concedida aos 24 proprietários de lotes lindeiros, que se tornaram sócios automaticamente, mantendo o acesso às instalações por meio de um portão aberto no muro dos fundos de cada terreno; quando um vizinho se mudava ou falecia, o portão era cimentado — há versões que situam o fechamento final desse portão tanto no final da década de 1930 quanto no final da década de 1980.

A primeira sede construída para o clube foi resultado de um concurso realizado em 1929, do qual há registro de duas propostas: uma de Gregori Warchavchik e outra de Jayme da Silva Telles, radicado em São Paulo e introdutor da arquitetura moderna nos meios paulistanos. O projeto de Telles, exposto em 1931 na sede da Sociedade Pró-Arte Moderna (SPAM) e apresentado no livro de Geraldo Galvão Ferraz, foi aceito e executado integralmente — com as arquibancadas, por certo, projetadas para compor um conjunto audacioso para a época, com linhas ortogonais, elementos decorativos clássicos, pergolados e terraços.

Com o passar dos anos e o aumento do número de sócios — descendentes de três gerações — a sede tornou-se insuficiente, demandando a construção de um novo espaço. Para atender a essa necessidade, os sócios recorreram novamente a concursos. Não um, mas dois.

Em 1958, o IAB convocou 72 profissionais, dos quais 28 apresentaram trabalhos; o júri escolheu o projeto de um jovem sócio do clube com apenas cinco anos de formado — Fábio Penteado. Mas, por falta de recursos, as obras não foram iniciadas.

Seis anos depois, em 1964, o Harmonia encomendou nova proposta a outro arquiteto, cuja parte — a piscina e os vestiários — chegou a ser construída; contudo, ao preparar a sede social, concluiu-se que a proposta não correspondia ao desejado pelo clube. A diretoria decidiu, então, buscar um projeto definitivo e, após intensas discussões impulsionadas pela apresentação de exemplares da revista *Acrópole*, que exibiam o projeto vencedor de 1958, ficou acertada a realização de um novo concurso, desta vez restrito a dois arquitetos: o já contratado pelo clube e Fábio Penteado.

A situação política da época agravou a disputa. Fábio não apoiava o golpe militar desejado por muitos sócios e chegou a receber ameaças. Elaborou seu projeto, que teve a participação de Alfredo Paesani e Teru Tamaki no escritório de um colega, Eurico Prado Lopes, enquanto grandes escritórios de arquitetura se mobilizavam em apoio ao outro concorrente. O que deveria ser uma disputa estética transformou-se, também, em política; mesmo assim, o júri de arquitetos, indicado pelo IAB, concedeu vitória esmagadora ao projeto de Fábio.

A proposta vencedora pouco tinha a ver com o convencionalismo do clube e propunha uma estrutura de concreto com um vão livre de 40 metros. Em reunião formal, a construtora habituada a executar as obras classificou o projeto como inviável e caro, mas Fábio pediu a palavra e garantiu que o projeto não só era exequível como também economicamente vantajoso, solicitando 30 dias para comprovar o que afirmava, o que demonstrou com o apoio de um escritório de cálculo.

Em entrevista à revista *Projeto*, Fábio explicou o desafio que tinha sido colocado:

> O projeto do Harmonia não era dos mais fáceis. Era necessário colocar num terreno de proporções reduzidas todo um completo programa social e esportivo, com a obrigação evidente de manter todo o conjunto dentro de uma ambientação ideal para um clube de categoria. Uma das exigências era a de poder o clube funcionar normalmente, durante o transcorrer das obras de construção das novas instalações.

Por trás do desenho, havia uma tese perturbadora para uma entidade elitista. Fábio sempre disse, em alto e bom som, que "o Brasil só tem dois clubes dignos desse nome: a praia de Copacabana e qualquer praça pública". Segundo ele, em Copacabana, um milhão de pessoas se reúnem todo fim de semana diante do mar, passando horas de maneira confortável, mesmo sem contar com equipamentos como bares e banheiros; algo semelhante ocorreria nas praças públicas, onde o lazer, o entretenimento, a leitura e a reflexão se desenvolvem de forma pacífica.

Enquanto, por todo o país, surgiam clubes criados por grupos de cidadãos que conquistavam um certo padrão de vida, muitos desses empreendimentos atendiam a exigências equivocadas de seus dirigentes. No Harmonia, o salão de baile era o espaço mais privilegiado, embora permanecesse fechado a maior parte do ano por não ter condições adequadas de uso cotidiano, sendo aberto apenas em grandes festas-baile, quando a decoração improvisada — com panos pendurados nas paredes e iluminação especial — mascarava suas deficiências.

As especificações definidas pela direção do Harmonia determinavam que a nova sede social deveria prever uma sala de estar, um restaurante com capacidade para 200 refeições simultâneas

Fotos externa (acima) e interna (abaixo) da Sociedade Harmonia de Tênis, 1964.

à *la carte* e uma ala para jogos de cartas; Fábio, contudo, agregou um auditório para 300 pessoas. Seu projeto para o novo prédio do Harmonia previa uma grande cobertura que interligava a rua à piscina, sem qualquer isolamento entre os ambientes. Num mezanino, a área destinada aos jogos de cartas foi instalada com paredes removíveis, permitindo que, em eventos de grande porte, tais divisórias fossem eliminadas e o clube se transformasse num espaço coberto capaz de receber até duas mil pessoas. A proposta enfatizava a ausência de espaços fechados, favorecendo a convivência mesmo de pequenas multidões.

Uma iluminação sofisticada foi prevista para atender às diversas intensidades necessárias para mesas de jogos, bancos de bar e sofás para conversas. Inspirado pelo auditório do Kremlin e por um discurso de Nikita Khrushchev, Fábio sugeriu a contratação da firma francesa Clemenceau, especializada em monumentos e museus, para a instalação elétrica; contudo, a proposta não avançou, comprometendo parte da ideia original.

Externamente, o edifício do Harmonia integra-se ao terreno urbano de uma rua tipicamente residencial, com calçadas estreitas, onde volumes exagerados comprometeriam a harmonia do conjunto. Durante a obra, arquitetos e operários estabeleceram uma relação de amizade, colaborando na busca de grandes blocos de pedra para demarcar o acesso para automóveis, formando uma espécie de escultura, após Fábio sugerir ao mestre de obras a delimitação dos espaços para carros e pedestres.

O projeto do Clube Harmonia representa a síntese das diversas propostas elaboradas por Fábio durante as décadas de 1950 e parte dos anos 1960, que tinham como marcas registradas a integração dos espaços, a pluralidade de usos e a inter-relação entre arquitetura e comportamento social. O caso do Harmonia foi assim descrito poeticamente pelo arquiteto Jorge Czajkowski:[13]

---

13. Jorge Czajkowski (Belo Horizonte, 1948 – Rio de Janeiro, 2010), arquiteto de origem polonesa, formou-se pela UFRJ em 1972, onde foi professor e fundou o Núcleo de Pesquisa e Documentação (NPD). Lecionou também na PUC-Rio e, como pesquisador, atuou na Architectural Association, em Londres, e na Universidade de Columbia, em Nova York. Foi assessor da Secretaria Municipal de Urbanismo, membro do Conselho Municipal de Tombamento, diretor do Inepac e curador do Centro de Arquitetura e Urbanismo do Rio de Janeiro, realizando diversas exposições e publicações sobre arquitetura brasileira.

Perspectiva interna para projeto da Sociedade Harmonia de Tênis, 1964.

A sede do Clube Harmonia sugere caminhos para a atividade do lazer. Seu interior é um momento de exterioridade aprisionado em um pavilhão de luz, que não força a existência do prédio como objeto fechado, mas sim como um relaxamento protegido frente à natureza. Os recursos empregados para conseguir essa atmosfera são, basicamente, apenas dois: o primeiro é a desmaterialização do envelope, que deixa de ser sólido e fechado para se tornar quase etéreo para quem está dentro, permitindo que a luz passe de forma suave através de elementos translúcidos e toldos reguláveis; o segundo é a alteração do solo, tratada em uma sequência contínua de planos que sobem do nível da rua para o nível da piscina, com diversas atividades distribuídas em patamares que asseguram a escala e o isolamento apropriados, sem comprometer a sensação de um grande espaço unitário. É uma progressão que precisa ser experimentada — a da misteriosa escadaria, que parte do hall e se alarga a cada degrau, revelando novas perspectivas e alterando a compreensão do espaço. Rivaliza com as mais extraordinárias escadarias, como as de Haussmann, as dos palácios de Caserta e Madri, e a Praça de Espanha, a ponto de se transformar na própria obra.

Sócios e visitantes do Harmonia surpreendem-se com a sutil dinâmica do prédio. O teto, constituído por uma grande laje formada por quadrados, permite a entrada de luz natural, alterando sua luminosidade conforme as condições climáticas. Externamente, o Harmonia respeita sua inserção no entorno urbano, sem volumes exagerados que destoem do conjunto.

Houve várias tentativas de alterar o clube. Em uma delas, Fábio Penteado editou um jornal chamado *DesHarmonia*, que contava a história do projeto e reproduzia depoimentos de outros arquitetos, buscando convencer os sócios de que aquele patrimônio pertencia a todos e não poderia ser modificado de forma impensada. O jornal, entretanto, nunca foi distribuído, pois a direção do clube proibiu sua circulação e vetou o acesso do arquiteto à

DES HARMONIA

Aos Associados da Sociedade Harmonia de Tênis - Agosto de 1991

CONCURSOS DE ARQUITETURA: UMA TRADIÇÃO DO HARMONIA

Pgs. 2 e 3

"UM MARCO NA ARQUITETURA DE SÃO PAULO"

Pg. Central

AMPLIAÇÃO DO CLUBE, UMA ANTIGA NECESSIDADE.

Pgs. 6 e 7

POR QUE UM JORNAL?

Este jornal tem um único objetivo: responder à circular do Conselho Deliberativo do Harmonia, que pede a opinião dos associados sobre seu Plano Diretor. E responder de forma direta, pública, objetiva e respeitosa, informando a todos os associados as razões que me levam a discordar da maneira como este Plano está sendo conduzido. Discordo, primeiro, como arquiteto; e, em segundo lugar, como associado.

Escolhi a forma de um jornal porque comecei minha vida profissional como jornalista e aprendi, desde então, que esta é a maneira mais democrática de fazer chegar uma opinião - e todos os fatos históricos que a condicionam - ao conjunto de interessados numa mesma questão.

Como sócio do Harmonia desde os 10 anos de idade - portanto, há mais de cinqüenta anos - e como autor do projeto da sede do Clube, juntamente com os arquitetos Teru Tamaki e Alfredo Paesani, sinto-me na obrigação de esclarecer algumas questões preliminares, sem entrar no mérito da proposta de ampliação e remodelação do clube, que, 21 anos depois, realmente merece uma reflexão cuidadosa. Tanto não sou contra essa ampliação que por muitas vezes participei de estudos e conversas informais com membros do atual conselho, visando projetar o crescimento do clube e as necessidades de adequação dos espaços da sede daí decorrentes.

Minha ligação com o Harmonia é antiga, intensa e muito especial. Afinal, ganhei não um, mas dois concursos de arquitetura - ambos promovidos pelo clube em conjunto com o Instituto de Arquitetos do Brasil - para o projeto da atual sede. Dediquei centenas de horas de trabalho a idealizar uma forma capaz de atender às necessidades do Harmonia e de seus sócios, concretizando, ao mesmo tempo, um espaço agradável, surpreendente e sem divisões, como o que existe hoje em nossa sede.

Para minha alegria e orgulho profissional, tenho obtido imenso retorno desse trabalho, que foi publicado e discutido em diversas revistas de arquitetura do mundo e mereceu citações de ilustres arquitetos brasileiros e estrangeiros.

Há exatamente dez anos, fui informado da intenção da diretoria de reformar substancialmente a sede do clube. Encaminhei, na época, ao Conselho Deliberativo, na pessoa de seu então presidente, dr. José Ermírio de Moraes Filho, uma correspondência detalhada, quase exaustiva, na qual relembrava todos os episódios que marcaram a realização do projeto e construção da sede, desde o primeiro concurso, em 1958. Nessa correspondência, citava especificamente a tese - legalmente justificada e eticamente recomendável, ainda mais em se tratando de um membro da comunidade de associados - de que o autor de um projeto deve participar da discussão de estudos que impliquem alterações ou remanejamentos do projeto original. Mas não obtive resposta satisfatória.

Agora, mais uma vez, o Harmonia volta a discutir um grande projeto de reforma e ampliação. E mais uma vez, lamentavelmente, sem qualquer consulta ao autor do projeto.

Não estou em busca de trabalho para o meu escritório. Nem pretendo armar uma polêmica sem sentido. Aos 62 anos e quase 40 de profissão, poderia tranquilamente passar ao largo dessa história toda se não considerasse, como autor do projeto e sócio do clube, que a arquitetura do Harmonia é mais do que propriedade de uma diretoria e até do conjunto de seus associados. Ela pertence a toda comunidade.

Espero que meus objetivos fiquem claros nesse caso. E, para isso, considero a iniciativa de tornar pública minha opinião um passo decisivo para o correto encaminhamento da questão.

Fábio Moura Penteado.

Capa do jornal Des-harmonia, produzido por Fábio Penteado, para protestar contra a reforma não autorizada da sede do Clube Harmonia, 1991.

lista de associados, situação que culminou em uma longa disputa judicial. Com o tempo, as obras de reforma passaram a ser submetidas ao crivo do próprio autor do projeto.

O projeto foi exposto em uma sala especial da Bienal de Arquitetura de São Paulo e teve seu maior reconhecimento com o tombamento pelo Patrimônio Histórico, juntamente com outra obra da arquitetura contemporânea — a Faculdade de Arquitetura e Urbanismo da USP, de Vilanova Artigas. Houve, ainda, uma terceira obra de arquitetura moderna tombada: o Museu de Arte de São Paulo, de Lina Bo Bardi, pelo Instituto do Patrimônio Histórico e Artístico Nacional (IPHAN).

HOTÉIS: CABO FRIO, CAMPINAS, PETRÓPOLIS

● Hotel Cabo Frio, Cabo Frio, 1958. ● Hotel Palácio dos Azulejos, Campinas, 1968. ● Hotel Ermitage II, Campinas, 1982. ● Hotel Mansão Ipiranga, Petrópolis, 1997. ● Hotel Aquila D'Oeste, Campinas, 1998

Entre um petardo jornalístico e outro disparado a partir da revista *Visão*, Fábio desenvolveu com seu amigo Ringo Kubota o projeto de um imenso hotel no litoral norte do Rio.

Em 1958, quando foi a Cabo Frio conhecer o local, hospedou-se num hotel vagabundo e implicou desde logo com uma placa colocada na entrada principal, que advertia: "Proibido entrar em traje de banho". Isso o fez decidir que faria um hotel onde fosse praticamente proibido entrar quem não estivesse em traje de banho.

O olhar atento do arquiteto, um observador sensível, capturou, na visita ao terreno, no ambiente a ser desfrutado e no hipotético usuário, outros elementos que subsidiaram sua proposta: um lugar de praia, aberto, onde é agradável estar o tempo todo em contato com o sol, o mar, a paisagem.

Não há sentido em interromper essa ligação com a natureza, obrigando quem está num quarto e quer olhar o horizonte a andar por um corredor escuro, descer num elevador fechado e sair pela cozinha.

A solução, muito simples, veio na forma de um hotel sem corredor, nem elevador. Quem ia para a praia tinha de ver o mar. Era só jardim, paisagem; qualquer pessoa que não estivesse com roupas de banho não se sentiria bem.

As características principais incluíam esse contato permanente com a natureza e a ausência de elevadores e corredores convencionais, em favor de uma ampla circulação aberta. O esquema rompia com o padrão tradicional de hotelaria, privilegiando o ambiente de praia e a liberdade de quem deseja repouso, sol e mar.

Para isso, o projeto previa a substituição dos longos corredores escuros e de elevadores fechados, por uma circulação contínua, onde o hóspede poderia se deslocar em trajes de banho sem

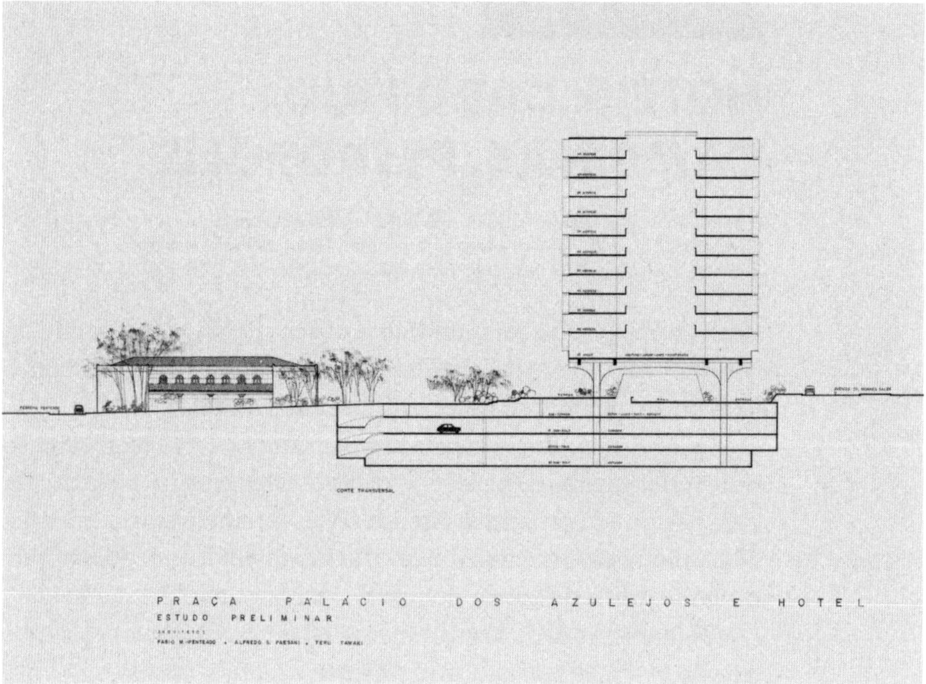

Prancha de corte para o projeto do Hotel Palácio dos Azulejos, 1958.

constrangimentos. Um grande jardim central, com árvores de variados portes, atravessava o edifício, para chegar ao segundo pavimento, garantindo ventilação e iluminação naturais, além de reforçar a integração com o entorno.

No pavimento térreo, não havia praticamente paredes divisórias, pois a forma do edifício e o paisagismo definiam as transições entre recepção, restaurante e áreas de estar. A circulação vertical se daria por meio de uma rampa em espiral, que permitiria apreciar a paisagem enquanto se acessam os apartamentos. Em pavimentos semienterrados ficavam os vestiários, dependências de serviço e alojamentos de funcionários, para que as funções operacionais não interferisse no clima descontraído e livre do hotel.

O projeto foi publicado pelo jornalista José Luiz Paes Nunes, crítico de arquitetura do jornal *O Estado de S. Paulo* e teve grande repercussão.

•

Em 1968, a Prefeitura de Campinas pediu que Fábio Penteado desenvolvesse um projeto de um hotel junto ao Palácio dos Azulejos, uma antiga residência de um barão do café, bem no centro da cidade.

Não era uma tarefa fácil, porque o Palácio estava tombado pelo Patrimônio Histórico. Apostando no contraste radical entre o velho e o novo, Fábio criou um prédio com uma grande fachada de vidro, capaz de refletir a grandeza do Palácio preservado. Num primeiro momento, a ideia foi recusada pelos técnicos do Patrimônio Histórico de São Paulo, mas o próprio Lúcio Costa, criador de Brasília e o grande responsável pela preservação da arquitetura tradicional brasileira, aprovou a fórmula, considerando uma solução bonita esse contraponto entre o antigo e o novo.

Para permitir que tanto o Palácio quanto o novo prédio funcionassem com um conjunto, seria estabelecido um limite de altura para as edificações mais próximas, definindo assim uma praça nova muito sugestiva, a partir da qual começava a ser definida uma reformulação do centro de Campinas. Infelizmente, nada disso foi realizado e a região acabou por se deteriorar.

•

Em 1982, Fábio desenvolveu o projeto do Hotel Ermitage II, para um grupo hoteleiro de Campinas, que foi construído. Num terreno de dimensões reduzidas, o projeto oferecia um saguão generoso e a interligação dos restaurantes com a "praia da piscina".

•

Por coincidência, talvez, alguns dos últimos projetos de Fábio foram para dois hotéis, um em Petrópolis, de 1997, e outro em Campinas, em 1998 — nenhum dos dois foi construído. Em Petrópolis, o projeto de 120 quartos incorporava a mansão Ipiranga, mais conhecida como Casa de Petrópolis, construída em meados da década de 1880. O conjunto, incluindo seus interiores e toda a área paisagística, está tombado como patrimônio histórico. Uma pequena praça coberta de vidro marca a recepção, posicionada entre a antiga estrebaria, que se transforma em restaurante, e uma fachada lateral da mansão. Esse espaço organiza as áreas de serviço e leva a uma passagem coberta para o novo bloco a ser construído, com 130 apartamentos.

A nova construção faria contraste com o edifício antigo. As fachadas envidraçadas refletem a mansão e a vegetação. Num terreno inclinado, arborizado e com acesso a duas ruas, foi proposta uma estrutura metálica que aproveita o desnível para se integrar à paisagem. Os vidros espelhados e coloridos refletem as árvores e, ao mesmo tempo, criam um visual moderno. A grande praça centraliza o acesso à recepção, ao restaurante, ao salão de jogos (instalados na sede) e ao novo bloco de apartamentos.

O projeto de 1998 foi de um hotel com 200 quartos, além de centro de convenções, desenvolvido para a empresa Aquila D'Oeste Administração de Bens.

CONJUNTO DO LIMÃO E CIDADE DOS DOQUEIROS

- Conjunto Residencial Limão, São Paulo, 1962.
- Cidade dos Doqueiros (habitação coletiva), Santos, 1963

Numa sociedade que discrimina pobres e negros, Adalberto Camargo[14] não tinha futuro. Mas esse santista persistente chegou a São Paulo ainda garoto e passou a vender cocada junto a uma estação de trem. Pouco depois, já carregava sacos de amendoim durante o dia, dormindo num estacionamento ao lado, onde começou a lavar os automóveis.

Um dia, percebeu que havia um homem interessado em vender seu carro e outro querendo comprar um automóvel. Fechou o negócio, ganhou um dinheiro, descobriu um ofício.

Aos 18 anos, já era um corretor de automóveis excepcional. Morou algum tempo nos Estados Unidos e, na volta, montou a primeira empresa de carros de aluguel do Brasil, a Auto Drive. Ficou rico em pouco tempo e resolveu fazer obras que dessem dinheiro, mas deixassem também sua marca registrada.

Adalberto Camargo ouviu falar de um arquiteto que tinha umas ideias diferentes. Encontrou Fábio e apresentou seu sonho: um grande empreendimento imobiliário no bairro do Limão, uma região próxima ao centro de São Paulo, mas ainda pouco ocupada, onde pretendia erguer quase uma nova cidade.

Adalberto conseguiu o interesse de vários sócios, ganhou a concessão do terreno e Fábio desenvolveu um projeto numa escala até então desconhecida: 3 mil apartamentos.

---

14. Adalberto Camargo (Araraquara, 7 de dezembro de 1923-São Paulo, 16 de agosto de 2008) foi um empresário, industrial e político brasileiro. Tornou-se o primeiro negro eleito deputado federal pelo estado de São Paulo (1967-83), cumprindo quatro mandatos consecutivos pelo MDB. Pioneiro no ramo de aluguel de automóveis no Brasil, fundou empresas como a Auto Drive e a Táxi Amarelinho. Também se destacou na articulação política em prol da representação negra, apoiando candidaturas de mulheres e jovens negros, e aproximando comercialmente o Brasil de países africanos.

CARACTERÍSTICA

"O conflito na minha vida está em tudo. Ele é muito maior do que aquele refletido no meu trabalho com arquitetura."

(Revista da Folha, 1 ago. 1993)

NOVOS HÓSPEDES

"[...] este problema da acomodação dos 100 milhões de novos hóspedes urbanos é algo tão surpreendente que forçosamente exigirá alguma atenção especial [...]"

(Encontro no BNH)

DIGNIDADE

"E talvez porque nunca tivesse sido colocado este problema e este tema do homem enquanto à sua dignidade, o homem em uma escala de multidão, nunca tenha se colocado como objetivo fundamental."

(Palestra)

INTUIÇÃO

"O arquiteto brasileiro não está ligado a uma cultura mais aprimorada, como acontece no primeiro mundo, então se volta para uma busca de conhecimentos observando a realidade próxima [...]"

(Arquitetura Revista, set. 1983)

ACADEMICISMO

"Creio que todos os arquitetos podem receber um pouco dessa crítica. A verdade é que muito desse academicismo tem acompanhado a formação e a vida dos arquitetos contemporâneos e este é o grande conflito em que se debatem as gerações mais novas do 'terceiro mundo'. Em geral, nossas escolas de arquitetura ainda se baseiam em referências europeias e ignoram as especificidades de cada localidade, resultando em propostas desconectadas das necessidades efetivas da população. Nesse sentido, é preciso repensar as bases do ensino, valorizando o conhecimento empírico e a vivência concreta das comunidades, para que o arquiteto possa responder aos desafios reais do espaço construído."

(Arquitetura Revista, set. 1983)

"Acho que seria impossível ao Oscar Niemeyer juntar, num mesmo projeto, seu universo de artista maior e as ideias do seu discurso ideológico. Politicamente, ele age muitas vezes como um artista acadêmico; como 'artista maior', tem abertas para si todas as portas."

(Arquitetura Revista, set. 1983)

A TRAGÉDIA

"[...]a atual explosão de crescimento das nossas cidades que representa, certamente, o símbolo mais expressivo da tragédia brasileira [...]"

(Encontro no BNH)

URGÊNCIA

"[...] à medida que não formemos com total urgência os novos quadros necessários, teremos, dentro de muito breve, a penosa obrigação de irmos buscar estes homens em outros países [...]"

(Encontro no BNH)

A MULTIDÃO EM MOVIMENTO

"A multiplicação da população nos obriga a pensar na 'escala da multidão', pois não se trata apenas de criar edifícios, mas de projetar espaços que atendam a uma demanda crescente [...]"

(Palestra)

"Mas não se trata de libertar a multidão oprimida. Eu acho que o espaço pode acomodar multidões na sua obrigação de viver, de caminhar, andar na rua, andar no metrô. O que de certa forma deve fazer parte dessa preocupação de arquitetura, e de tudo, não é?"

(Vitruvius, 22 nov. 2021)

SOBREVIVÊNCIA

"Não sei se poderemos chamar de cidades os nossos principais centros urbanos, quando tiverem duplicadas suas populações [...] desprovidos das condições básicas para uma vida comum."

(Mesa Redonda "A Cidade e a Saúde", 1987)

RIQUEZA VS. POBREZA

"Nós temos feito projetos ricos para pessoas pobres — essa é a nossa marca registrada."

(Arquitetura Revista, set. 1983)

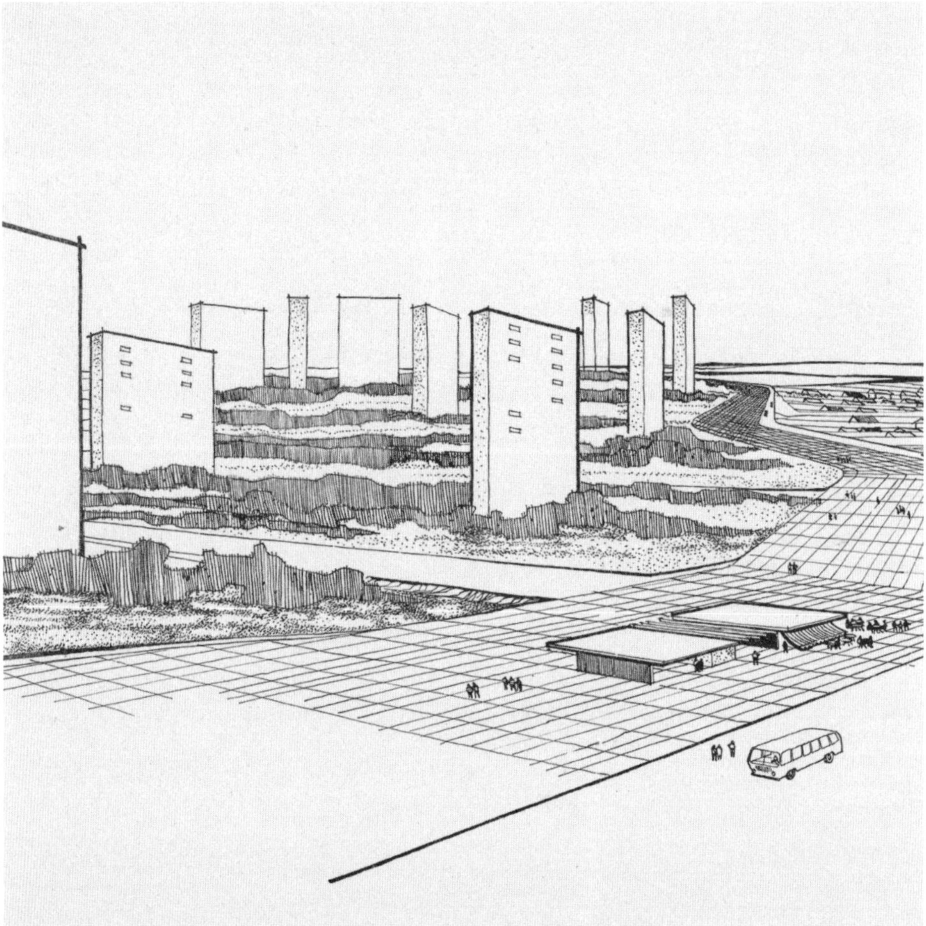

Perspectiva externa para o projeto do conjunto habitacional do Bairro do Limão, 1960.

Foi organizada uma equipe de trabalho que desenvolveu um inédito sistema de pagamento em prestações — mais tarde, serviria de inspiração para o futuro Banco Nacional da Habitação (BNH).[15]

Do ponto de vista de desenho, eram superquadras, formadas pelo trabalho de terraplanagem, estabelecendo assim o que Fábio Penteado chamou de "a escada dos gigantes".

Mas o ultrapassado Código de Obras da cidade jamais permitiria que um projeto como aquele fosse aprovado. Fábio e Adalberto procuraram, então, Prestes Maia. Já tarde da noite, em seu gabinete, o prefeito olhou detidamente todas as plantas, chamou seus assessores e disse:

— A ideia é boa, as pessoas são boas. A proposta é correta, vamos aprovar. Montem uma comissão que não tenha advogados.

Apesar da disposição do prefeito e do empenho do empreendedor, que jogou muito dinheiro no negócio e desenvolveu o projeto até o nível executivo, tudo acabou em 1964, quando os militares tomaram o poder e colocaram sob suspeita aquele negro ousado e irrequieto.

Parte dos problemas de Adalberto Camargo com os novos donos do poder surgiu por causa de outro projeto desenvolvido pelo mesmo grupo: a Cidades dos Doqueiros. Como o do bairro do Limão, eram edifícios feitos com pré-moldados, sobre áreas de jardim, imaginados como um empreendimento comercial destinado a dar lucro. Mas havia uma diferença importante: o terreno, uma antiga pedreira, pertencia à Companhia Docas de Santos, mas estava sob controle do poderoso e temido Sindicato dos Estivadores, que mandava no porto de Santos, o maior do país. Os doqueiros eram tidos e havidos como o braço direito do presidente João

15. O Banco Nacional da Habitação foi uma empresa pública brasileira criada em 1964 pela Lei nº 4.380, inicialmente como autarquia vinculada ao Ministério da Fazenda — posteriormente transferida ao Ministério do Interior — e responsável pelo financiamento de empreendimentos imobiliários e pelo desenvolvimento urbano. Administrou o FGTS, o Sistema Financeiro da Habitação (SFH) e o Sistema Financeiro do Saneamento (SFS). Em 1971, transformou-se em empresa pública de direito privado, operando indiretamente através de bancos e agentes promotores. Dificuldades financeiras e operações controversas culminaram em sua extinção, em 1986, quando foi incorporado à Caixa Econômica Federal, que assumiu a gestão do FGTS.

Goulart, cujas propostas eram encaradas como uma espécie de antessala do comunismo.

Convencer mulheres simples, acostumadas com suas pequenas casas térreas, a viver em apartamentos não era tarefa simples, até porque os prédios tinham grandes elevadores. Para vencer a resistência de quem jamais tinha usado uma máquina desse tipo, Fábio Penteado desenhou bancos em seu interior e passou a chamá-los de pequenos ônibus com janelas de vidro, argumentando:

— O elevador pode ser ruim, mas se a senhora estiver voltando da feira com uma sacola pesada, seria melhor subir sentada, olhando a paisagem, do que por uma escada muito grande.

Os elevadores foram aceitos, assim como o ponto de encontro desenhado diante da antiga pedreira, cujo corte vertical seria trabalhado em relevos, criando uma espécie de leque de pedra cujas linhas convergiam para um espelho d'água.

Nas fachadas dos edifícios com 16 andares, uma programação desenvolvida pelo artista plástico Antônio Maluf[16] sobre vigas, pilares desenhavam verdadeiros quadros sobre a paisagem.

Foi a primeira vez que se utilizou, para fins artísticos, o rústico e pioneiro computador desenvolvido na Universidade de São Paulo (USP). E o resultado desse trabalho foi exposto numa Bienal de Artes Plásticas, em São Paulo.

Em março de 1964, Fábio e Adalberto Camargo continuavam discutindo regularmente com os doqueiros e suas famílias detalhes do conjunto residencial. Mas o destino do Sindicato — e do projeto — estava selado. No regime instaurado em 1964, sindicato não tinha vez e o projeto teve seu fim antes de ser construído.

---

16. Antônio Maluf (São Paulo, 17 de dezembro de 1926-São Paulo, 26 de agosto de 2005) foi um artista plástico, ilustrador e artista gráfico brasileiro. Destacou-se por vencer o concurso para o cartaz da 1ª Bienal Internacional de São Paulo em 1951, considerado um marco do design gráfico no Brasil, e por suas colaborações com arquitetos, como Fábio Penteado e Vilanova Artigas, em murais e elementos modulares.

Apresentação de projeto do Conjunto Habitacional Zezinho Magalhães Prado, da esquerda para a direita: Zezinho Magalhães Prado; Oscar Klabin Segall; não identificado; Vilanova Artigas, Fábio Penteado, José Meiches, não identificado.

PARQUE CECAP

● Parque Cecap (conjunto habitacional), Guarulhos, 1967

O Brasil nunca teve um programa público capaz de oferecer solução para a gigantesca demanda habitacional provocada pela migração rumo às grandes cidades.

No estado de São Paulo, a Caixa Estadual de Casas para o Povo (Cecap), fundada pelo populista governador Adhemar de Barros em 1949, contrariando o nome ambicioso, tinha atendido a nada mais, nada menos do que 14 pessoas em 19 anos de vida, até Roberto de Abreu Sodré assumir o cargo de governador, eleito indiretamente, mas de fato nomeado pelos militares.

Na hora de distribuir cargos e funções entre amigos e correligionários, o novo governador precisava encontrar uma função para seu velho companheiro Zezinho Magalhães Prado, cuja experiência administrativa resumia-se ao fato de ter sido um cartola, como presidente do clube de futebol XV de Novembro de Jaú. A Caixa Estadual de Casas para o Povo não construía casas, mas tinha sede, automóvel, secretária e verba de representação. Assim, podia muito bem abrigar o amigo, deve ter pensado o governador.

Mas Zezinho acabou percebendo que poderia fazer algo que marcasse para sempre sua passagem pela Cecap: descobriu um terreno de 80 alqueires em Guarulhos e convidou o arquiteto Vilanova Artigas para fazer o projeto. Artigas, por sua vez, chamou Fábio, Paulo Mendes da Rocha e Alfredo Paesani para dividirem a tarefa.

A princípio, parecia impossível erguer qualquer coisa naquele lamaçal sempre cheio d'água. Depois, descobriu-se que a área era mantida assim por intermédio do manuseio de uma comporta, para justificar seu arrendamento a horticultores e ficou evidente que ela podia ser urbanizada.

Para evitar que o projeto fosse comandado por gente mais interessada na remuneração que no desafio profissional, os dois arquitetos propuseram um contrato que criava uma espécie de escritório de funcionários públicos, incluindo profissionais

Conjunto Habitacional Zezinho Magalhães Prado – Parque CECAP, Guarulhos, 1967.

que trabalhavam no Departamento de Obras Públicas (DOP) — todos igualmente mal remunerados.[17]

A arquiteta Maria Giselda Cardoso Visconti integrava os quadros do DOP e passou a trabalhar na equipe. Em depoimento ao livro *Ensaios de Arquitetura*, editado em 1998, afirmou:

> Conhecendo um pouco da burocracia do Estado, mais uma vez fiquei surpresa pela forma que o Fábio conduzia os processos junto aos vários setores públicos, coordenando a elaboração do projeto de uma cidade dentro de outra cidade, pois uma população de 50 mil habitantes era muito maior do que a população de grande parte das cidades brasileiras. Posso afirmar que foi a condução do processo que tornou possível a execução das obras com alto nível técnico, e com toda a infraestrutura necessária.

Trabalho era o que não faltava. A Cecap queria fazer uma verdadeira cidade, para 12 mil habitantes, com escola, hospital etc. Só na primeira etapa, seriam construídos cinco mil apartamentos.

Os apartamentos seriam destinados a associados dos sindicatos de São Paulo, ganhando entre dois e seis salários mínimos. E a distribuição seria feita por sorteio, eliminando qualquer favorecimento político.

Na época, o BNH falava em construir um milhão de habitações populares em curto prazo. O Brasil não tinha tecnologia nem experiência gerencial para enfrentar um desafio desses e o projeto da Cecap poderia funcionar como um teste muito importante.

O Parque Cecap serviu como um laboratório de ensaio de materiais e soluções para os grandes conjuntos habitacionais que poderiam resolver o déficit habitacional brasileiro. Todas as empresas instaladas no Brasil foram contatadas para apresentar propostas. Pisos e paredes de gesso foram utilizados para assegurar uma construção rápida, de qualidade e a custo baixo.

---

17. Foram contratados, além de Fábio Penteado, Vilanova Artigas, Paulo Mendes da Rocha e Alfredo Paesani, que cuidou do gerenciamento da obra, os arquitetos Giselda Visconti, Geraldo Vespaziano Puntoni, Arnaldo Martino, Ruy Gama e Renato Nunes e Stipan Milicic, antigo parceiro de Fábio. Os cálculos estruturais ficaram a cargo da LA Falcão Bauer.

O projeto tinha 500 mil metros quadrados de área verde. Pela primeira vez, no Brasil, levantou-se o custo de fazer área verde em grande escala. Mas uma das propostas de Fábio não foi aprovada pelo grupo. Ele pretendia colocar uma grande área verde que atendesse tanto a cidade existente, quanto a que nascia. O que se fez foi uma cidade integrada, mas quase isolada do resto do mundo.

O projeto de paisagismo se apoiava num tipo de vegetação rústica que estava longe de ser o "tapete para o rei olhar", usual entre os paisagistas. E foi desenvolvido por agrônomos.

Os apartamentos começavam com 55 metros quadrados. Pequenos, mesmo em relação às casas ocupadas pelos moradores. Por isso, a empresa Mobília Contemporânea trabalhou seis meses para desenvolver camas e armários que coubessem no limitado espaço das unidades.

Na parte de fogão e geladeira, Fábio Penteado retomou os estudos preliminares feitos para o projeto do bairro do Limão. As geladeiras disponíveis no mercado nem entravam na cozinha. Pelo projeto, esses utensílios seriam embutidos na própria construção. O fogão sairia por 16 dólares cada e a geladeira, por menos de 40 dólares.

O preço da geladeira era tão baixo que correspondia aos enfeites vendidos para esses eletrodomésticos na principal casa de comércio de São Paulo. A geladeira econômica nunca saiu do papel. Talvez nem tivesse chance, diante das campanhas publicitárias que enalteciam os produtos feitos pelos grandes fabricantes e que acabaram transformados em verdadeiro sonho de consumo. Mas a tese era interessante — se o país tivesse construído grandes conjuntos habitacionais, como demandava a urbanização acelerada e a sempre mencionada escala da multidão, faria todo o sentido.

Os projetos chegaram a ser apresentados num encontro regional de equipamentos de conforto doméstico. O documento produzido por Fábio para esse encontro contestava a versão de que a dona de casa brasileira não sabia conservar sobras de comida, afirmando que elas sabiam que o arroz ou o leite estragavam quando conservados fora de uma geladeira.

A pintura dos prédios só foi resolvida no último momento. A empresa contratada corria o risco de não cumprir o prazo. O problema era definir cores e materiais para a empresa construtora executar. No último dia, às cinco da tarde, Fábio chamou o responsável pela empresa de tintas, o diretor de obras da Cecap, a arquiteta Giselda Visconti, Paulo Seixas Queiroz e o office boy do escritório, Chiquinho.

Antes de começar, contou uma rápida história da mocinha que foi numa loja de armarinhos do interior comprar uma escova de dentes e o vendedor perguntou:

— Qui cô qui é?

E a mocinha respondeu:

— Cá qué cô...

E explicou como a fórmula da mocinha do interior poderia ser aplicada aos prédios da Cecap:

— Pegue a fachada do prédio que tem um peitoril a ser pintado. Isso é uma tira. Corte uma tira de papel da altura do peitoril sobre a folha heliográfica com o desenho da fachada. Corte várias. O Chiquinho ajuda. Pegue essa tira de papel comprida e ponha na base.

Fábio dividiu as tiras em cinco segmentos de medidas diferentes, aleatoriamente. Escolheu cinco tonalidades, chamou-as de T1, T2, T3, T4 e T5. Cada cor básica teria cinco tonalidades. Daí colocou uma das tiras sobre o desenho da fachada de um prédio e movimentou-a para lá para cá, até parar num ponto qualquer. O conjunto acabou tendo essa coloração variada — parte perdida ao longo do tempo. A seleção de cores funcionou tão bem que acabou sendo atribuída, por um crítico de artes plásticas, à influência de Mário de Andrade.

O Parque Cecap foi construído em parte, mas pouco depois o próprio Sistema Financeiro da Habitação entrou em colapso, impedindo que os resultados da experiência pudessem ser utilizados em larga escala.[18]

---

18. O Parque Cecap, concebido e construído em 1968 pela Caixa Estadual de Casas para o Povo (Cecap) acabou batizado como Conjunto Habitacional Zezinho Magalhães Prado. O projeto, elaborado pelos arquitetos Vilanova Artigas, Paulo Mendes da Rocha e Fábio Penteado e que previa 12 mil unidades, teve sua execução interrompida na década de 1980, resultando em 10 condomínios, sendo nove com 480 apartamentos e um, o Santa Catarina, com 360 unidades, totalizando 4.680 apartamentos e uma população de 18 mil habitantes. Cada bloco tem três andares e 60 unidades, cada uma com uma vaga na garagem. O Parque Cecap inclui as escolas Francisco Antunes Filho e Elísio de Oliveira Neves, a Creche Zulma Castanheira, a Fatec e uma Etec, instaladas na área da Diretoria Regional de Ensino Guarulhos-Norte, e na vila Monteiro Lobato há uma unidade do Sesc. O conjunto abriga o Hospital Geral de Guarulhos, os terminais rodoviário e de passageiros da EMTU, o Varejão aos sábados, a área de vistoria da Ciretran e, às segundas-feiras, uma feira de peixes ornamentais.

O sonho do governo de construir um milhão de habitações populares em curto prazo se provava inviável. Em função disso, Fábio propôs um simpósio na Federação das Indústrias para debater a capacidade da indústria da construção civil de atender às necessidades de um programa desse porte. Ficou claro que não havia condições de enfrentar a tarefa. Por sugestão da direção da Fiesp, o arquiteto passou dois meses na União Soviética, conhecendo os grandes canteiros de obras que existiam por lá na época.

ASILO NÃO, PARQUE

● Parque dos Anciãos (residência para idosos/parque), Campinas, 1972

A primeira providência que Fábio Penteado tomou após ser contratado pela Federação das Entidades Assistenciais de Campinas (Feac) para desenhar um novo asilo de idosos foi conhecer o antigo asilo da Feac. Quando entrou no prédio, que mais parecia uma prisão, uma senhora olhou para ele e disse:

— Eu conheço você. É o arquiteto...

A senhora, dona Ubaldina, havia cuidado do avô de Fábio muitos anos antes, quando ele ainda era estudante. E a partir do reconhecimento, ela deu-lhe algumas lições preciosas sobre como era viver num asilo, chegando mesmo a lhe mostrar o terreno e sua melhor vista, apontando o lugar onde o sol nascia e muitos outros detalhes.

Dona Ubaldina apresentou o velho conhecido aos colegas de asilo como alguém capaz de projetar um edifício mais humano. E foi exatamente isso que Fábio tentou fazer.

Em torno de uma grande praça central integrada ao contexto urbano e compartilhada por todos foram dispostos os vários blocos, integrados em uma única forma arquitetônica, por onde se distribuíam dormitórios masculinos, femininos, enfermaria, refeitório e administração. Esses blocos se abriam para uma

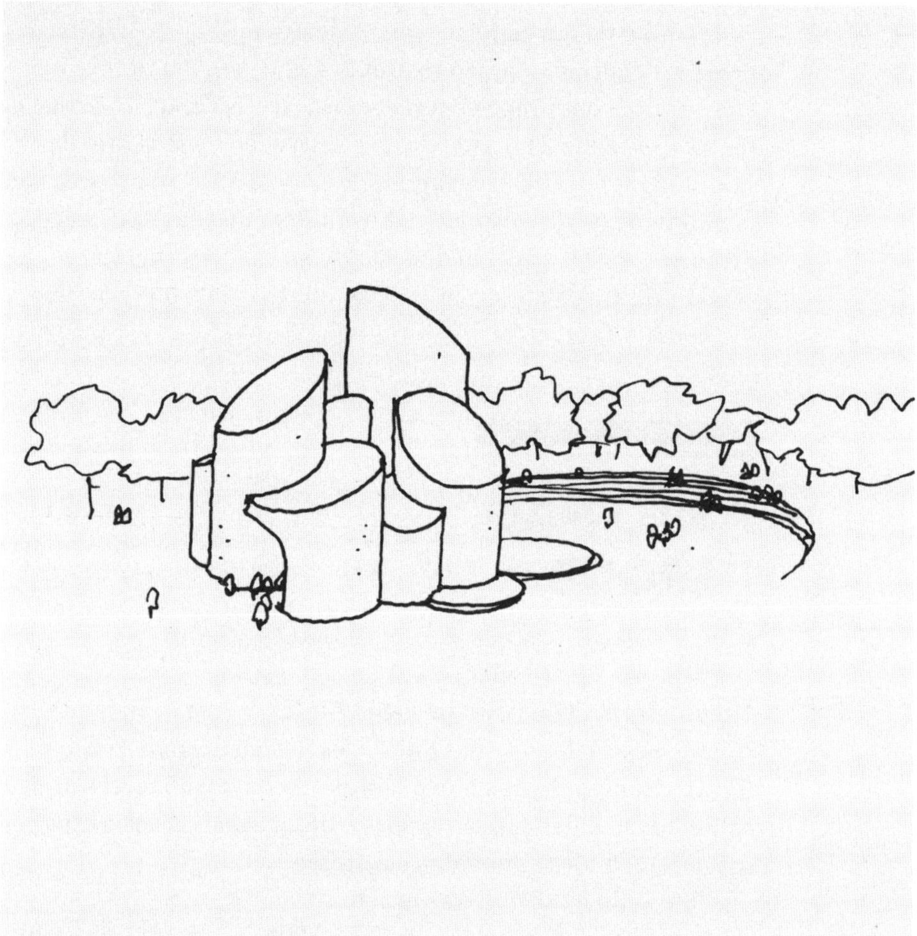

Perspectiva de praça central com igreja para o projeto do Parque dos Anciãos, 1968; por Luiz A. Vallandro Keating.

grande varanda em curva, envolvendo a praça, constituindo um espaço privilegiado para o convívio social.

O projeto foi executado de forma a ser extensível, com galpões que se organizam numa espécie de colar, formando um semicírculo delimitado pela ampla varanda que liga os diversos pavilhões.

Diante do grande semicírculo, uma praça com uma igreja na parte mais próxima da rua. Um prédio impressionante com seus grandes cilindros que se unem e telhados de vidro colorido que desenham vitrais. O entrecruzamento de formas curvas faz lembrar uma antiga igreja de arcos revisitada.

O terreno em declive é cortado em degraus, de modo a formar um anfiteatro com palco.

Fábio imaginava a praça como um ponto de contato entre os moradores do bairro e os idosos. Um espaço de solidariedade que permitiria o convívio.

Se a igreja fosse bonita, seria igualmente um local onde os idosos e outras pessoas se encontrariam, rejeitando a ideia de asilo como um espaço fechado, porque o idoso é feio, chato, um ser invisível. Toda a proposta procurava dar mais liberdade aos idosos, reduzindo seu confinamento, que costuma aproximar os asilos de prisões.

Fábio conheceu de perto os idosos que iriam viver ali; pobres, tinham trabalhado a vida toda no campo e se sentiam constrangidos comendo num refeitório de azulejos. Pensou que eles gostariam mais de fazer as refeições livremente ao longo da varanda, sem tanta rigidez. Era uma tese complicada de ser posta em prática, mas que ele achava importante colocar em discussão.

Como arquitetura, o resultado foi um projeto muito bonito. Ele surge na paisagem como uma grande flor. Abóbadas feitas de tijolos, usando uma técnica antiga e que, como comprovou o engenheiro Luiz Alfredo Falcão Bauer, já renomado como calculista, não custaria mais do que um galinheiro. Mas a proposta foi recusada pelos responsáveis pela entidade mantenedora, numa reunião com o arquiteto.

Justificativa dita com todas as letras: era um projeto bonito demais para a feiura dos velhos.

Resposta do arquiteto, também com todas as letras:

— *Vão à puta que os pariu!*

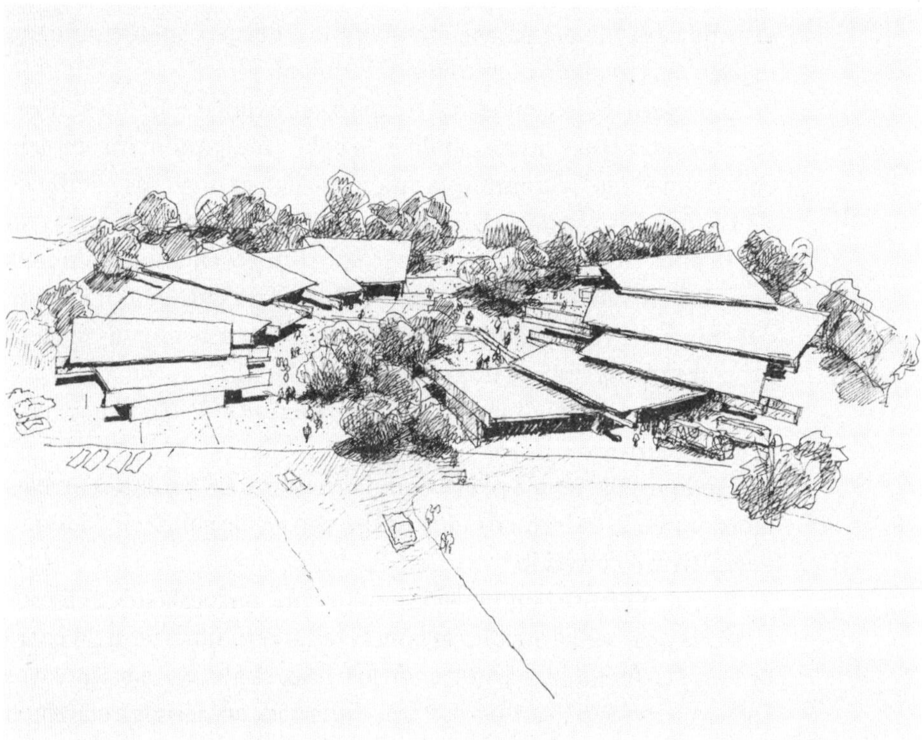

Desenho em perspectiva para o projeto do Mercado do Portão, 1965; por Luiz A. Vallandro Keating.

PARA O SANFONEIRO E SEU CÃO

● Mercado do Portão (mercado municipal), Curitiba, 1965

O Mercado do Portão foi um projeto apresentado por Fábio Penteado para um concurso nacional realizado em Curitiba, em 1965. Esse projeto é mais um que exemplifica as inquietações do arquiteto enquanto observador atento às necessidades do cotidiano e do cidadão comum. Inspirado na figura melancólica do sanfoneiro e seu cachorro, que costumavam ficar do lado de fora dos galpões fechados – resultado da privatização dos mercados que haviam abandonado as praças públicas –, o projeto de Penteado propunha reorganizar o espaço do mercado tradicional.

Sua proposta resgatava a ideia de uma grande praça aberta, integrada ao espaço público, que também funcionasse como área de lazer e convivência social. O espaço foi concebido para oferecer alta rentabilidade social: seria prático para quem desejasse se abastecer, agradável para os passeantes e acessível a todos, inclusive aos animais, como se tratasse de uma rua. A praça central desempenharia, ainda, a função de circulação, evitando a formação de corredores estreitos. Os diversos boxes do mercado foram dispostos em plataformas escalonadas, abrindo-se radialmente a partir da praça central. A estrutura em concreto, composta de vigas-calha e pilares, sustentaria uma cobertura em diferentes níveis, com vigas que avançavam em beirais para constituir passagens cobertas, protegendo os usuários do sol e da chuva.

Apesar de o júri ter restringido a avaliação da proposta aos padrões do edital – interpretando-a como um achincalhe –, Fábio Penteado destacou, com sua característica ironia, o potencial transformador do projeto.

AUTOMÓVEIS

● Centro Automotivo, São Paulo, 1960

Fábio Penteado sempre teve uma forte ligação com automóveis. Seu pai possuía um Studebaker, em que ele, ainda garoto, andou muito pelas estradas precárias do interior. O irmão, Roberto, tornou-se colecionador de carros e ele próprio teve, em certa época, um Jaguar preto conversível.

Talvez isso explique a solução incomum que apresentou no concurso organizado por um banco, que buscava definir a melhor utilização para um terreno na Avenida Brigadeiro Luís Antônio. Enquanto a maioria dos concorrentes propôs edifícios de apartamentos, escritórios ou hotéis, Fábio apresentou um edifício dedicado ao comércio de autopeças e com isso conquistou o primeiro lugar.

No início dos anos 1960, a manutenção de automóveis no Brasil enfrentava muitos desafios. Grande parte dos carros era importada, e não havia concessionárias autorizadas. Além disso, muitas lojas de autopeças estavam concentradas na própria Avenida Brigadeiro Luís Antônio, especialmente perto do Largo São Francisco.

Observando a situação, Fábio concebeu um edifício circular com uma rua-rampa interna — uma ideia que mais tarde evoluiria para o projeto de San Sebastián, proposta formulada para um concurso internacional destinado a criar um conjunto turístico. No centro de autopeças, lojas, oficinas especializadas e áreas para a venda de veículos usados seriam concentradas num enorme edifício com o acesso garantido por rampas muito largas, facilitando a vida de usuários e comerciantes, além de reorganizar o comércio na avenida. A fachada do prédio seria adornada com caixilhos exibindo os logotipos de várias marcas de automóveis, tornando-se um marco na paisagem urbana.

FÓRUM QUE VIRA TEATRO

● Fórum/Teatro, Araras, 1960

O vírus da febre construtiva, inoculado no país pelo presidente Juscelino Kubitschek na época da construção de Brasília, também contaminou o governador Carvalho Pinto, para alegria dos arquitetos paulistas — que receberam a tarefa de projetar centenas de edifícios públicos no início dos anos 1960.

A construção de Brasília sugeriu para o Brasil e para o mundo que as possibilidades de desenvolvimento do país estavam no interior, e a sua inauguração acabou por consolidar a relação de ansiedade com o progresso, e de boa administração pública com a execução de obras. Como consequência, Carvalho Pinto lançou o Plano de Ação que propunha uma série de outras medidas no campo da administração, saúde e educação para promover o desenvolvimento de outros municípios do interior. Foram realizadas centenas de obras entre fóruns e hospitais, com projetos, quase sempre, desenhados por arquitetos.

Para os arquitetos paulistas foi um grande impulso, pois, até então, a profissão ainda exibia os resquícios de sua recente emancipação. Inicialmente, amparados pelos engenheiros, os arquitetos só conseguiam se afirmar através das construções. Não se vendiam projetos, apenas obras acabadas.

O Plano de Ação representou uma frente de trabalho que beneficiou, portanto, muita gente. Apenas tomando a construção de fóruns como exemplo, e sem grandes pesquisas, é possível elencar: Fórum de Araras, por Fábio Penteado; Fórum de Avaré, por Paulo Mendes da Rocha; Fórum de Itapira, por Joaquim Guedes; Fórum de Orlândia, por Jorge Wilheim; Fórum de Piracicaba, por Affonso Reidy; Fórum de Porto Feliz, por Botti & Rubin; Fórum de Promissão, por Vilanova Artigas; Fórum de Rio Claro, por Cardim & Cardim; Fórum de São José dos Campos, por Paulo Sérgio Souza e Silva; Fórum de Socorro, por David Libeskind etc.

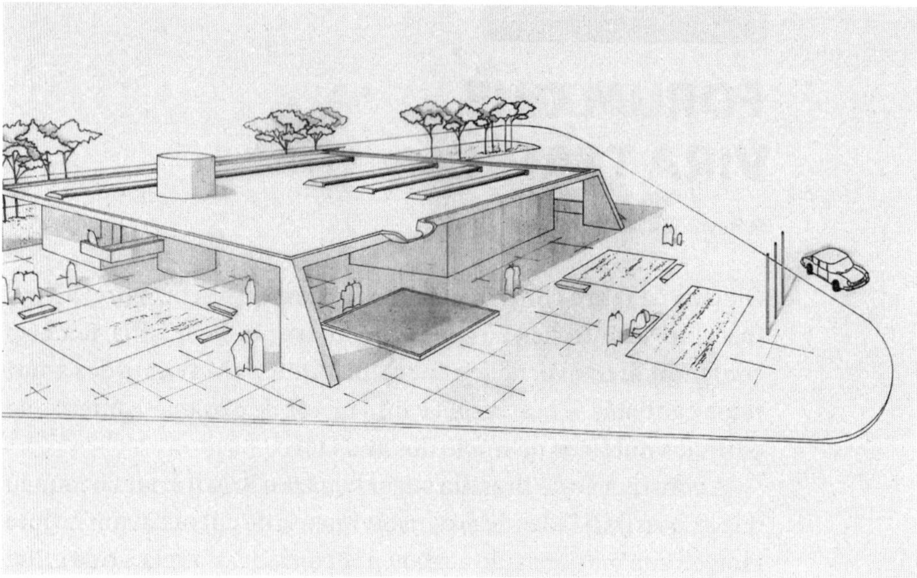

Perspectiva para o projeto do Fórum de Araras, 1960.

O projeto foi desenvolvido em 1960. Fábio sabia bem como funcionava um Fórum: tinha atuado algumas vezes como jurado no grande edifício da praça João Mendes, no centro de São Paulo. Jamais se esqueceu de um dos casos que teve de julgar: um homem velho e doente, que tinha matado a mulher com uma foice. Uma história tão carregada de miséria e sofrimento que parecia imune à ação da justiça.

Antes de projetar, Fábio visitou alguns fóruns em cidades do interior. Todos seguiam uma forma padrão, imitando construções greco-romanas. Porta enorme, entrada imponente, pé-direito alto. Uma espécie de materialização da força impessoal que a Justiça faz questão de ostentar e que oprime réus, testemunhas, vítimas ou meros clientes.

Naquele tipo de edifício, o cidadão comum entra com medo. Ainda que esteja indo marcar o casamento, registrar o filho que acaba de nascer, passar uma escritura. Se vai ser julgado, então, leva uma certeza — a de que não tem nenhum direito diante de um poder tão absoluto. Para amplificar esse sentimento, juiz e promotor ainda usam trajes negros durante a sessão.

Quando empunhou o lápis, Fábio Penteado já tinha o veredito: o prédio do Fórum de Araras deveria tomar partido do mais fraco, reduzindo a importância do juiz e da Justiça, numa condenação daquela falsa arquitetura opressora e imponente.

A proposta consistia num edifício que não tinha porta nem saguão, uma praça coberta, onde as pessoas poderiam se sentar e conversar. Sob a laje de cobertura, apoiada em quatro pilares piramidais, localizados nos vértices do retângulo, desenvolvia-se o programa, concentrado em três blocos distintos: um para o auditório, outro para a escada e caixa d'água e o terceiro para os cartórios, setor administrativo e de serviços, que se organizam pela praça. A sutileza de alguns detalhes, como o desenho do condutor de águas pluviais a formar uma cortina d'água nos dias de chuva, revela a sensibilidade do arquiteto.

A sala de julgamento dá para essa praça coberta que, quando não estivesse sendo utilizada, poderia receber pequenas peças de música ou teatro. Os cartórios ficam numa pequena galeria, no piso térreo. E dali, da praça coberta, o cidadão podia ver o

FUTURISMO

"Cinquenta milhões de habitantes, por exemplo, vivendo numa só região física, que não se poderia dar o nome de cidade nem de urbanização [...]"

(Palestra, Departamento de Planejamento)

"Se a população do país duplica a cada 25, 30 anos, teríamos obrigação teórica, a cada período desses, de projetar e construir de novo tudo o que foi projetado e construído nos 450 anos da nossa história."

(Revista Acrópole, abr./mai./jun., 1993)

FORMALISMO

"Não se empenha o Governo neste problema (de projetar na escala da multidão) e nós, arquitetos, continuamos a fazer nossos projetos dentro das velhas regras de formalismo convencional [...]"

(Arquitetura Revista, ano 1, n. 1, set. 1983)

ESCALA

"Na arquitetura histórica, o arquiteto se dirigia à escala insignificante do pequeno deus e do pequeno rei... Hoje, a escala do problema deve ser interpretada em termos de um milhão de habitantes."

(Palestra, Departamento de Planejamento)

INÍCIO INCERTO

"Somos todos mais ou menos jovens, como jovem é também no tempo a nossa arquitetura brasileira. Todos conhecemos bem como pequena e recente é a experiência que o ensino e a pesquisa têm dispensado à nossa profissão."

(Discurso do Paraninfo – UFRGS, dezembro de 1966).

DÍVIDA

"Desta forma, e ainda que desconsiderando as defasagens atuais e simplesmente fazendo a multiplicação, USS 10 mil pelos 100 milhões de novos brasileiros urbanos previstos para as próximas duas décadas, chegamos a uma cifra tão surpreendente ou quase fantástica que corresponderia a mais de dez dívidas externas brasileiras atuais."

(Mesa redonda "A cidade e a saúde", 1987)

PEDÁGIO

"[...] os pedágios burocráticos fazem com que, para cada mil empenhados, apenas 100 ou menos atinjam aplicação efetiva na maioria das nossas obras públicas."

(Mesa redonda "A cidade e a saúde", 1987)

CONSUMO E COLETIVIDADE

"Ao mesmo tempo que vemos nosso povo carente das necessidades mais elementares, existe, em paralelo, toda uma campanha oficial e internacional de massificação da consciência coletiva em direção a um consumismo impraticável, que vende a ilusão de prosperidade e estimula a busca por bens supérfluos. Em vez de canalizar esforços para superar as carências básicas, esse modelo reforça desigualdades e gera tensões sociais, pois não atende às demandas reais da população. Nesse cenário, o planejamento participativo surge como forma de envolver as comunidades, ouvir suas necessidades concretas e buscar soluções que visem a inclusão e a melhoria efetiva da qualidade de vida."

(*Arquitetura Revista*, ano 1, n. 1, set. 1983)

DESCOMPASSO

"Quase sempre, quando se colocam disponíveis, os recursos vêm acompanhados de projetos e soluções que pouco ou nada têm com a realidade dos nossos problemas [...]"

(Mesa redonda "A cidade e a saúde", 1987)

HIPÓTESE

"Torna-se claro que não será possível programar os recursos necessários para as obras inadiáveis e imprescindíveis, mas, ainda que jogando nas hipóteses do absurdo, se tão gigantesca quantidade de recursos se colocasse disponível, é certo que, a curto ou médio prazo, não poderíamos contar com projetos que fossem de fato competentes na medida do justo e necessário, sendo certo que projetos de tal escala jamais foram planejados ou executados nem aqui, nem em qualquer outro lugar."

(Mesa redonda "A cidade e a saúde", 1987)

NOVA TAREFA

"Já terá passado, certamente, o tempo em que a Arquitetura pudesse representar a simples manifestação individualista de um artista isolado [...]"

(Palestra)

gabinete do juiz e dos promotores. Ninguém é invisível, não há portais, nem volutas.

O projeto foi aprovado e Fábio obteve até mesmo a autorização para que a sala de julgamento tivesse usos culturais, quando não houvesse sessão. Em 1961, no canteiro de obras, o mestre e os operários lhe disseram que não tinham entendido direito como funcionaria o prédio. Fábio explicou e um deles respondeu:

— Agora entendi. Nesse prédio aqui, a gente até pode ganhar uma causa.

Entre o projeto e a execução, passaram-se dez anos, o que comprometeu a qualidade do edifício resultante. Hoje, o prédio abriga a Câmara dos Vereadores.

DE HOSPITAL A CADEIA

● Hospital-escola Júlio de Mesquita Filho, São Paulo, 1967

Em 1599, a paulista Isabel Fernandes doou um bom dinheiro — um mil réis — para a irmandade que atendia os necessitados doentes no Largo da Misericórdia, em São Paulo. Trezentos e setenta e sete anos mais tarde, embora continuassem em busca de doações para seguir atendendo os pobres, os dirigentes da Santa Casa de Misericórdia andavam para cima e para baixo com plantas, cortes e fachadas que mostravam o projeto de um gigantesco hospital-escola com 800 leitos, a ser construído na Barra Funda, junto à marginal do Tietê.

A pressa era justificada: há quase dois anos, a Santa Casa havia recebido o direito de usar um terreno de 67 mil metros quadrados na Lapa. Se no prazo determinado o projeto não estivesse pronto para ser executado, a área voltaria para a Prefeitura, liquidando de vez com o sonho insistentemente martelado pelo jornalista Júlio de Mesquita Filho, provedor da entidade e do jornal *O Estado de S. Paulo*.

Para evitar o pesadelo, procuraram um sonhador: Fábio Penteado. Junto com o arquiteto Eduardo Almeida, assumiu a tarefa de fazer uma proposta a toque de caixa, não para ser realmente executada, mas para assegurar a posse do terreno.

A Santa Casa atende a parcela mais pobre da população da cidade. Boa parte de seus pacientes não possui nem ao menos os documentos necessários para serem recebidos na rede oficial de saúde pública. E antes de rabiscar algo que pudesse ser apresentado como um projeto arquitetônico do hospital-escola, Fábio foi visitar uma instalação semelhante, pelo menos em termos de tamanho: o Hospital do Servidor Público.[19]

Presenciou cenas de famílias aflitas nas filas diante dos elevadores do Servidor Público (são seis, sendo dois para pacientes e um para cargas), com mães atarantadas, crianças chorando, parentes desnorteados – uma cena comum nas visitas dos familiares, comumente feitas em grandes grupos.

Saiu do prédio de 15 andares com uma certeza: faria um hospital horizontal de 100 mil metros quadrados, muito mais adequado à multidão de 20 mil carentes que utilizaria seu pronto-socorro e hospital geral, facilitando ainda o funcionamento da Faculdade de Medicina anexa.

Os desenhos do hospital horizontal permitiram que a Santa Casa não perdesse o terreno e, em contrapartida, a Fábio foi atribuído o direito de desenvolver o projeto definitivo. Manteve a ideia de fazer o hospital horizontal. Só bem mais tarde ficou sabendo que o primeiro prédio a ser chamado de hospital ficava

---

19. O Hospital do Servidor Público Estadual Francisco Morato de Oliveira, situado na Rua Pedro de Toledo, n.º 1800, Vila Clementino, São Paulo, foi projetado em 1957 pela Companhia Construtora Regis Agostini, pelo Escritório de Construções e Engenharia Ecel S.A. e por Jorge Wilheim, tendo a construção sido realizada pelo Escritório de Construções e Engenharia Ecel S.A. no período de 1957 a 1961. O prédio, com 15 pavimentos, conta com uma área de terreno de 54 mil metros quadrados e área construída de 55 mil metros quadrados, com estrutura em concreto, e foi erguido para o Instituto de Previdência do Estado de São Paulo. O hospital foi concebido para atender servidores públicos estaduais, seus dependentes e agregados, passando a operar sob a gestão do Instituto de Assistência Médica ao Servidor Público Estadual, órgão vinculado à Secretaria de Gestão e Governo Digital do Estado. A obra teve início após a criação do Departamento de Assistência Médica ao Servidor Público Estadual, em 1952, e a pedra fundamental foi lançada em 25 de janeiro de 1957, com a inauguração ocorrendo em 9 de julho de 1961. Em 29 de janeiro de 1963, por meio do decreto nº 51606, o hospital passou a se chamar Hospital do Servidor Público Estadual Francisco Morato de Oliveira, em homenagem ao responsável pela obra.

Perspectiva para o projeto do hospital-escola Júlio de Mesquita Filho, 1968; por Luiz A. Vallandro Keating.

em Paris e se organizava em torno de uma praça central onde ficava a fonte de água, o único elemento capaz de curar algumas doenças naquele tempo.

A equipe, com vários arquitetos,[20] era coordenada por Giselda Visconti, que representava o IAB na Comissão de Edifícios de Saúde da União Internacional de Arquitetos.

Os primeiros estudos, ainda na forma de um plano piloto, previam um edifício horizontal com aproximadamente 360 metros de comprimento e capacidade para 640 leitos, que integraria plenamente o hospital e a escola de Medicina. Além do hospital e da faculdade de Medicina, estariam previstos um instituto de pesquisas médicas de concepção cilíndrica e uma capela aberta ao público. O plano também considerava a construção de um centro de saúde, um banco de sangue, cursos de pós-graduação e áreas de pesquisa médico-hospitalares, refletindo a busca por uma solução arquitetônica que aliasse ensino, atendimento hospitalar e serviços de prevenção de modo integrado.

Em sua versão definitiva, a Santa Casa transformou-se numa construção de 200 por 200 metros, um conjunto de arcos com 70 metros de vão, com um grande vazio ajardinado no centro, onde rampas em forma de "x" permitiam e facilitavam a circulação de pequenas multidões. Não eram meros corredores, mas ruas com 200 metros de comprimento.

Uma loucura, diziam muitos dos que conheciam o projeto no escritório do arquiteto. Para justificar sua opção aparentemente radical, Fábio os convidava a tomar um café no bar mais próximo. Saía da sala, entrava no elevador, deixava o edifício e atravessava a rua, medindo o trajeto passo a passo. Ao final, mostrava que tinham caminhado 60, 80 metros. Portanto, percursos horizontais três vezes maiores pareciam aceitáveis.

Mas a entrega da comida não seria uma maratona no prédio com corredores de 200 metros? A resposta foi procurada no Hospital do Servidor, onde a comida podia demorar duas horas para chegar

---

20. Participaram desse projeto os arquitetos Alfredo Paesani e Teru Tamaki, sob a orientação da Comissão de Obras Novas da Santa Casa — presidida pelo engenheiro Paulo Meirelles Reis. A orientação estrutural coube aos engenheiros Oswaldo Moura Abreu, Nelson Barros Camargo e Waldemar Tietz.

ao ponto mais distante, por causa do sobe e desce em elevadores. Empurrando carrinhos, de cronômetro na mão, os arquitetos concluíram que, na Santa Casa, o local mais distante seria alcançado em 3,6 minutos.

E mais: as ruas largas impediam o roubo de remédios e de comida — problemas comuns nos hospitais verticais. A comida a ser distribuída, a roupa a ser lavada, os doentes, os visitantes e até a remoção dos mortos conviveriam sem problemas nas ruas horizontais da nova Santa Casa.

Um grupo de arquitetos americanos em visita ao Brasil duvidou dessa coexistência pacífica. Fábio colocou todos no elevador e desceu os seis andares até o saguão do prédio do IAB. Fora da soleira, trabalho, comércio e boates de prostituição conviviam sem problemas. Cada atividade com seu momento específico, mas com pontos de contato com as outras. O bar do seu Chico começava a vender o café de manhã para os trabalhadores enquanto ainda atendia os últimos boêmios. Servia depois o aperitivo, o almoço e até levava o jantar para as moças das boates. Algo assim iria acontecer nos corredores da Santa Casa, explicou Fábio Penteado a seus colegas espantados:

— É impossível controlar as contradições dessa rua, como é impossível controlá-las num hospital como a Santa Casa. Mas, de algum modo, o espaço público da rua permite que essas diferenças coexistam e é isso o que imagino que possa ocorrer num hospital horizontal com suas ruas internas. Quando as contradições se apresentam em transparência, elas geram uma certa normalidade.

O projeto respondia à real situação das famílias com menos recursos, em que é comum as mães terem que levar todos os filhos ao hospital quando um adoece, porque não têm com quem deixá-los. Um detalhe fundamental que não costuma ser levado em conta ao quantificar as áreas de um projeto de hospital, que obedecem a uma eficiência teórica importada e descolada da realidade brasileira.

Junto com o hospital da Santa Casa, seria construído um edifício separado para funcionar como uma escola de grau médio, capaz de abrigar 3.500 alunos. O objetivo era formar profissionais essenciais no atendimento à saúde: ali deveriam ser ministrados cursos para 28 especializações, cada uma com 18 ramificações.

Normalmente, no Brasil são curiosos sem formação que acabam desempenhando tais funções. Essa escola teria uma parte do currículo tradicional e outra laboratorial e prática.

As propostas da Santa Casa foram debatidas no México, em Washington, em Praga, em Moscou, em Sofia, na Unesco, em Paris e em Genebra, na Organização Mundial de Saúde. Em todos os encontros, a ideia era aceita integralmente, embora não houvesse subsídios para viabilizar a proposta.

Em 1970, houve em Washington uma reunião regional, do continente americano, da Organização Mundial de Saúde, para discutir um modelo de complexo de saúde que não lembrasse um hospital convencional e no qual a arquitetura fosse voltada não para a doença, mas para a saúde. Ali, ficou claro que o projeto horizontal era o mais adequado para os países em desenvolvimento.

A decisão permitiu que a Santa Casa pleiteasse e obtivesse do Banco Mundial recursos para tocar a obra. O projeto foi, então, desenvolvido, com o escritório de Figueiredo Ferraz coordenando a parte técnica e a equipe de Fábio Penteado cuidando da parte arquitetônica.

Em 24 de outubro de 1975, Fábio esteve com a mesa administrativa da Santa Casa de Misericórdia, com o ministro do Planejamento, João Paulo dos Reis Velloso, para pedir um empréstimo de CR$ 150 milhões por meio do Fundo de Assistência Social para a construção do hospital-escola.

Com esses recursos e mais Cr$ 40 milhões concedidos a fundo perdido, a obra arrancou. O projeto enfrentou sucessivas paralisações por falta de financiamento, mudanças nas políticas públicas de saúde e transformações urbanas que alteraram a prioridade do uso do terreno e virou um elefante branco — dez anos depois, a Santa Casa continuava aguardando que a prefeitura bancasse parte dos custos de manutenção para abrir ao público. Em 1989, a instalação foi repassada para a Secretaria da Justiça, que ali instalou os fóruns criminais, até então espalhados por dezenas de edifícios alugados. O funcionamento de um fórum criminal num edifício normal cria enormes transtornos, como o criminoso algemado subir no elevador para o julgamento junto com a testemunha, ou, ainda, dividir o espaço com gente que vai a outros andares e nada tem a ver com aquela situação.

O projeto foi remodelado para atender a essa proposta. O pronto-socorro virou prisão para duzentas pessoas e a capela deu lugar a um conjunto escultórico que busca simbolizar a presença da justiça, que Fábio desenhou, mas não foi executado. O complexo foi inaugurado em 2001. Ali funcionam 31 Varas Criminais, 5 Varas das Execuções Criminais, o 1º, 3º, 4º e 5º Tribunais do Júri, o Juizado Especial Criminal Central, o Departamento de Inquéritos Policiais e Polícia Judiciária da Capital (DIPO) e o Juizado de Violência Doméstica e Familiar contra a Mulher. Trabalham ali centenas de magistrados, promotores públicos, advogados, policiais e servidores.

Em 10 de maio de 2019, o Tribunal de Justiça inaugurou uma horrorosa estátua da Deusa da Justiça na sua entrada principal, obra de um escultor amador, que era funcionário da instituição. Por sorte, Fábio já não estava aqui para ver.[21]

21. A escultura "Deusa da Justiça", inaugurada em 10 de maio de 2019, é obra do artista plástico Joaquim de Lima Sales, cabo da Polícia Militar de São Paulo. Aos 46 anos, informou o comunicado da imprensa do TJSP, Sales atuava há 15 anos na corporação. Quanto aos dotes artísticos, segundo o mesmo texto, exercia há cerca de 25 anos, tendo criado dezenas de peças expostas no Brasil e no exterior, inclusive em Veneza, na Itália. Além da escultura na entrada do Fórum da Barra Funda, em São Paulo, outras obras dele, inspiradas na Justiça, foram presenteadas a figuras do Judiciário brasileiro, como os ministros do Supremo Tribunal Federal Alexandre de Moraes e Cármen Lúcia.

OUTROS CLUBES

● Clube de Campo do Jockey Clube de São Paulo (concurso de sede de campo), São Paulo, 1961. ● Edifício da Cooperativa dos Funcionários do Jockey Club de São Paulo, São Paulo, 1971. ● Nova sede social e esportiva do Jockey Clube de São Paulo (Hipódromo) (estudo/projeto), São Paulo, 1972. ● Reformas de clubes urbanos. ● Clube Alto dos Pinheiros, São Paulo, 1970. ● Tênis Clube de Campinas, Campinas, 1971. ● Clube Atlético São Paulo ("Clube Inglês"), São Paulo, 1973

Além do Harmonia, Fábio Penteado fez diversos projetos para clubes. Em 1961, junto com Ubyrajara Gilioli, Tito Lívio Frascino, José Carlos Ribeiro de Almeida e Vasco de Mello, ficou em segundo lugar no concurso para resolver a sede do Clube de Campo do Jockey Clube de São Paulo. O projeto buscava integrar a arquitetura ao ambiente natural, garantindo funcionalidade e harmonia entre os espaços sociais e esportivos. A equipe vencedora foi a do arquiteto Sérgio Bernardes.

A pedido da direção da cooperativa de funcionários do Jockey Clube de São Paulo, sediada na rua Água Fria, atrás das cavalariças do clube, Fábio Penteado projetou em 1971 um pequeno edifício em concreto aparente. A estrutura foi desenvolvida com lajes intercaladas em meios pisos, fachadas envidraçadas e proteção por toldos cor de laranja.

Em 1972, o Jockey Clube decidiu avaliar a possibilidade de revitalizar parte dos espaços existentes no hipódromo[22] e contratou o escritório de Fábio para conduzir esse estudo. Durante um ano, a equipe realizou um levantamento detalhado do projeto original, analisando suas instalações e até mesmo os cálculos estruturais de concreto armado, inicialmente realizados pelo Escritório Moura Abreu.

22. As instalações haviam sido projetadas, no início dos anos 1950, pelo arquiteto francês Henri Sajous, formado pela École de Beaux Arts de Paris. Sajous havia se estabelecido no Brasil na década de 1930 e manteve escritórios no Rio de Janeiro e em São Paulo até 1965, quando retornou à França. Entre suas obras de destaque na antiga capital federal estão o Palácio do Comércio, o prédio da Mesbla, os edifícios Tabor Loreto e Biarritz, e a Igreja da Santíssima Trindade, na praia do Flamengo. Em São Paulo, projetou o prédio da Rhodia, o Edifício Brasília, o Banco Cruzeiro do Sul e diversas residências nos bairros Jardins América e Europa.

A proposta encaminhada incluía a renovação dos espaços internos para usos sociais e culturais, aproveitando a imponência dos pés-direitos originais, que variavam entre seis e sete metros de altura. No entanto, a execução do projeto foi interrompida quando o clube optou por realizar um concurso para a construção de uma nova sede social e esportiva dentro do hipódromo.

O júri do IAB deu vitória ao projeto que Fábio e sua equipe apresentaram para a disputa que se organizava sob uma cobertura do edifício concebida em grelha de concreto, com módulos de 5 x 5 metros, permitindo a formação de espaços fechados e pergolados. Internamente, a grelha se expandia, criando um jogo de luz e sombra com iluminação zenital e vegetação colorida.

Entretanto, a obra nunca aconteceu — as tribunas sociais passaram por uma reforma apenas em 1992, sem incorporar as soluções desenvolvidas pela equipe de Fábio Penteado.

De todo modo, na cabeceira da reta de chegada, ficou a marca de Fábio e Teru Tamaki — uma cabine em forma de cilindro horizontal, com 40 metros de comprimento e três metros de diâmetro para abrigar equipamentos de controle e filmagem para circuito fechado. Apoiada sobre dois pilares cilíndricos de 11 metros de altura, a estrutura foi revestida com chapas corrugadas e posicionada na cabeceira da reta de chegada do hipódromo. A cabine conta com equipamentos de filmagem montados sobre trilhos, permitindo a cobertura completa das duas pistas do Jockey, de areia e grama.

•

Outro projeto de clube, desenvolvido em 1970, começou como uma remodelação de uma obra inacabada no Clube Alto dos Pinheiros. Assim como no caso do Clube Harmonia, o terreno estreito e comprido era o primeiro desafio.

O plano original previa um grande salão de festas sobre uma quadra de basquete, e as obras já haviam começado com o corte do terreno. A solução proposta por Fábio, novamente em parceria com Teru Tamaki e interiores de Paulo César Pires de Mello, redistribuiu os espaços de forma funcional, garantindo melhor acomodação para diferentes faixas etárias e tipos de frequentadores, e incluiu um auditório. Os espaços subterrâneos, já iniciados na construção original, foram aproveitados para abrigar a parte administrativa, o auditório e instalações esportivas. Sobre essa base, o prédio horizontal foi desenvolvido, garantindo uma distribuição eficiente das atividades e os espaços do clube.

•

Já o Tênis Clube de Campinas, projeto original de Ícaro de Castro Mello, foi reformado em 1971. Em uma área de seis mil metros quadrados, tinha ginásio de esportes, três quadras de tênis e um conjunto de piscinas. Mas a estrutura estava deteriorada e necessitava de uma ampla remodelação, aprovada por Ícaro. O cliente, então presidente do clube, era José Roberto Magalhães Teixeira, amigo de Fábio e futuro prefeito de Campinas. Apesar dos desafios, a equipe conseguiu revitalizar as instalações, garantindo sua modernização sem comprometer as características originais. A intervenção também incluiu um painel do artista Antônio Maluf. Numa espécie de gesto de despedida, Fábio e Teru Tamaki deixaram uma flor desenhada com sucata da obra em uma das paredes do clube.

•

O Clube Atlético São Paulo, conhecido como "Clube Inglês", foi fundado no final do século XIX por engenheiros britânicos ligados à companhia ferroviária São Paulo Railway. O projeto de reforma, realizado em 1973, enfrentou o desafio de ser executado sem interromper as atividades do clube. O casarão histórico foi restaurado, com manutenção de suas fachadas, modernização dos interiores e remodelação das instalações esportivas.

CASAS QUE RESPEITAM A PAISAGEM

● Casa Sondeyker, São Paulo, 1963. ● Condomínio Sunshine, Campinas, 1972.
● Residência Strauss, Campinas, 1972. ● Residência Aziz Maluf, Vinhedo, 1972

Uma das primeiras casas que Fábio projetou teve como clientes um casal de holandeses donos de uma oficina mecânica na rua General Jardim, na Vila Buarque, em São Paulo, especializada em Volkswagen. Todos os arquitetos, com seus fuscas, eram fregueses do mecânico. Em 1963, o casal Sondeyker convidou Fábio Penteado, Alfredo Paesani e Teru Tamaki para projetar a casa deles no Jardim Marajoara, zona sul de São Paulo.

O projeto, inspirado por Le Corbusier, se caracteriza pela liberdade com que foram montados os espaços internos, refletida também nas fachadas, que acompanham os desenhos pouco convencionais da cobertura, tratada com um forte colorido de amarelo-limão e pelo diálogo com o jardim. A atual proprietária, Verónica, conta que, em 1967, quando moravam em Nova York, ela e seu marido, o arquiteto Georges Salim Sallouti, viram e gostaram muito do projeto publicado na revista *Acrópole*. De volta a São Paulo, com surpresa, encontraram a casa à venda, que logo foi adquirida e mantida até hoje em suas linhas originais.

●

Em 1972, Fábio criou outro projeto residencial em Campinas, desta vez para um grupo de casais que desejava construir cinco casas em um grande terreno com um lago. A proposta valorizava o solo e transformava as construções em uma extensão da paisagem; porém, as casas não foram construídas, pois os casais acabaram se separando.

Nesse mesmo período e na mesma região surgiram outras duas residências concebidas com conceito semelhante. A residência Strauss, com 200 metros quadrados, fica no Jardim das Palmeiras.

Foi feita para uma dona de galeria de arte. Sua planta tem o formato de uma estrela, com um pilar central que, no piso térreo, constitui uma lareira e, no alto, abre um triângulo de luz zenital. A partir desse pilar, vigas de concreto se prolongam sobre o jardim e são interligadas por cabos de aço entrelaçados, sustentando uma densa vegetação que se funde à arquitetura. As lajes ficam protegidas por uma fina camada de água sobre pedras de argila expandida, garantindo impermeabilidade. Ao conhecer o projeto dessa casa, José Luiz Paes Nunes, crítico de arquitetura do jornal *O Estado de S. Paulo* que se tornaria amigo de Fábio, afirmou:

— É casa, é museu e é igreja.

Diante do comentário, Fábio reagiu, não sem ironia e perguntou se aquilo era bom ou ruim.

Para Aziz Maluf, Fábio fez uma residência de fim de semana localizada num condomínio fechado em Vinhedo, a sessenta quilômetros de São Paulo. Assemelhada com a casa Strauss, tem linhas de estrutura paralelas. A área interna é de 600 metros quadrados. Externamente, a área construída se estende através de terraços e pergolados cobertos por densa vegetação. Os jardins e a arquitetura se confundem, sugerindo que tudo é paisagem.

PASÁRGADA

Era uma vez uma empreendedora imobiliária que surgiu com grande ímpeto, implantando prédios de apartamentos sempre assinados por arquitetos de renome. E que resolveu instalar, no quilômetro 26 da rodovia Raposo Tavares, um conjunto de 250 habitações com 250 metros quadrados de área construída cada. A Formaespaço,[23] uma construtora inovadora, pretendia criar projetos de desenvolvimento urbano, quase cidades inteiras.

23. A construtora Formaespaço atuou em São Paulo nos anos 1960 e início dos 1970 com foco em empreendimentos residenciais e comerciais de produção seriada, com base em

Nessa época, final dos anos 1960, Fábio Penteado dirigia o escritório da Cecap e decidiu abrir todas as informações do projeto a qualquer interessado, bem como para as faculdades. Gordon interessou-se e convidou Fábio para fazer o projeto chamado Pasárgada.

Antes de desenhar o empreendimento, Fábio propôs criar um elemento centralizador e organizador do processo que ia acontecer: um clube que atenderia todos os moradores. Teria uma central telefônica, coleta de lixo, entrega de jornal etc. O clube foi feito antes do projeto, com uma arquitetura interessante, em que o desenho do edifício é menos importante do que a integração entre o edifício e a paisagem.

Algumas casas foram construídas, outras ficaram inacabadas e o projeto em si não se estruturou. A empresa acabou sendo vendida e o projeto parou.

Entre o projeto e o início das obras, a empresa procurou facilitar o processo construtivo e resolveu oferecer pacotes, a custo baixo, com modelos pré-fabricados. Mas veio a recessão internacional e a crise do petróleo e o empreendimento não saiu. Fábio chegou a fazer o projeto de casa que poderia ser implantado de 17 maneiras diferentes, de acordo com as características do terreno. No fim das contas, isso lhe garantiu um outro trabalho: o convite para projetar uma mansão na Gávea, Rio de Janeiro.

---

projetos racionalizados e modulares. Encomendou edifícios aos arquitetos Eduardo de Almeida, Abrahão Sanovicz e Paulo Mendes da Rocha, que desenvolveram propostas como o "Protótipo", os "Modulares" e o Edifício Gemini — este último construído entre 1970 e 1974, e vencedor do Prêmio IABsp de 1974. A atuação da Formaespaço nesse período reflete um momento de experimentação tipológica na arquitetura habitacional paulista, marcada por padronização construtiva e inovação espacial.

A CASA MAIS

● Residência Levinsohn, Rio de Janeiro, 1974

A Formaespaço foi comprada, na época, pelo dono de uma grande empresa de poupança. Um dia depois de conhecer o projeto Pasárgada, Fábio recebeu um telefonema. Do outro lado, seu interlocutor explicou logo de cara:

— Você não me conhece pessoalmente. Meu nome é Ronald Levinsohn.[24] Eu quero fazer uma casa na Gávea, aqui, no Rio. Minha casa tem que ter quatro quartos, um salão de festas... Acho melhor você falar com a minha mulher, que ela sabe explicar melhor. Vamos agendar sua vinda ao Rio. Eu quero que a minha casa seja a mais... que a minha casa seja a mais... quero que a minha seja a casa mais...

O terreno, excepcional, fica num condomínio fechado no bairro da Gávea. Um pedaço preservado da mata atlântica com uma topografia tão íngreme, que, no dizer de Fábio, um carro mal regulado não conseguiria vencer a subida de acesso. Em compensação, tinha uma vista privilegiada.

Fábio desenhou o projeto, pensando no que Levinsohn falara — a tal "casa mais", mas no dia marcado para apresentar, ficou preocupado com a possível reação do empresário.

O encontro estava marcado para 19h30. Fábio chegou bem antes e ficou conversando com os colegas Teru Tamaki e Tito Lívio Frascino no Clubinho dos Artistas, no subsolo do prédio do IAB.

Levinsohn adorou a maquete. A casa de quatro mil metros quadrados de área construída pode ser descrita como o tampo de uma mesa, de 35 por 35 metros, a três metros e meio acima do piso, formando 300 cubos de 3,5 metros por 3,5 metros.

---

24. Ronald Guimarães Levinsohn (Rio Grande, RS, 9 de outubro de 1935-Rio de Janeiro, RJ, 27 de janeiro de 2020) foi um empresário e administrador brasileiro. Ficou famoso como dono do Grupo Delfin, proprietário da maior caderneta de poupança do país nos anos 1980, e como ex-controlador do Centro Universitário da Cidade do Rio de Janeiro (UniverCidade). Sua trajetória foi marcada por controvérsias, incluindo o caso Delfin, que resultou na liquidação extrajudicial do grupo.

A estrutura consumiu 1.150 metros cúbicos de concreto, o suficiente para erguer três prédios de 12 andares. Tudo sustentado por quatro pilares, de 3,5 metros de diâmetro, com alturas diferentes. O menor tem 12 metros e o maior, 29 metros. Pendurada na estrutura da mesa, uma caixa de cristal, que é a casa em si. Na parte de cima dessa caixa, ficaria o escritório do proprietário.

Não foi fácil aprovar o projeto na Prefeitura do Rio, porque os técnicos não acreditaram que aquela enorme estrutura fosse para uma residência: suspeitavam que seria transformada num hotel de 100 quartos.

Fábio convidou o engenheiro Sérgio Marques de Souza para cuidar da construção da casa. Um profissional muito competente que tinha sido marginalizado por ter projetado o elevado Paulo de Frontin, que desabou, matando dezenas de pessoas, numa tragédia que marcou o Rio.

A residência, concluída em 1974, é, na visão de Fábio, um palácio contemporâneo. Única, como os palácios do passado. Nos dias mais bonitos, a pedra do Morro Dois Irmãos reflete-se inteira nas paredes de vidro — que são limpos com o auxílio de um bondinho que circunda o cubo de vidro.

A casa ganhou um prêmio importante em Sófia, na Bulgária, na Interarch, uma espécie de Bienal de Arquitetura promovida pela Academia Internacional de Arquitetura — ali, recebeu o prêmio chamado governo do Valão, da Bélgica.

O prêmio inscreveu o nome de Fábio Penteado na lista restrita dos mais consagrados nomes da arquitetura mundial, como integrante da International Academy of Architecture e lhe garantiu a condição de membro honorário da The American Institute of Architects.

Quando falava do projeto da casa Levinsohn, Fábio justificava-se:

> A arquitetura histórica sempre trabalhou para os pequenos deuses, os reis e os príncipes, porque só eles tinham condições de construir grandes obras. Não havia multidões com cidadania, vontades, recursos.

E lembrava que, naquela mesma época, havia desenhado uma casa com 19 metros quadrados, para ser construída pela Cecap.

Foto externa aérea com perspectiva da residência Ronald Levinsohn implantada no terreno, cercada da Mata Atlântica.

CENTRO ADMINISTRATIVO ESTADUAL

● Centro Administrativo Estadual (complexo governamental), São Paulo, 1972

Fábio Penteado sempre gostou de participar de concursos de arquitetura, por considerá-los uma forma democrática de escolher entre várias alternativas que dá grande liberdade de trabalho. E em 1972, quando o Grupo Executivo da Grande São Paulo (Gegran)[25] lançou o concurso para desenvolvimento do Centro Administrativo Estadual, ele entrou na disputa, mais uma vez.

Os megaprojetos estavam na moda no mundo. E a pretensão do Gegran — como era conhecido o embrião de um organismo metropolitano — era colocar toda a burocracia estadual paulista num só local, na marginal do Tietê.

O Centro Administrativo Estadual baseava-se num projeto anterior de Fábio para a sede da Secretaria de Agricultura — outro concurso, de 1968. A proposta criava áreas para exposições agrícolas e edifícios funcionais, tudo imaginado para atender muita gente trabalhando e muita gente visitando.

O projeto para a Secretaria de Agricultura, classificado em quinto lugar num concurso público nacional, definia a sede da Secretaria, integrada a um conjunto de exposições agropecuárias, dentro de uma reserva florestal, o Parque da Água Funda. Fábio e sua equipe apostaram na fusão entre os espaços destinados aos serviços administrativos e o parque, imaginando que atrairiam o público externo, gerando um polo de desenvolvimento para a região.

Uma espécie de "edificio-ponte" com seis blocos independentes de seis pavimentos, interligados por um pavimento de cobertura,

25. O Grupo Executivo da Grande São Paulo (Gegran) foi criado em 1967 na gestão do governador Roberto Costa de Abreu Sodré, com a missão de cuidar do planejamento da Região Metropolitana de São Paulo. Foi a primeira empresa estatal a atuar nesse segmento, em gestão e pesquisas sobre planejamento metropolitano do Estado, sendo pioneira no assunto. Foi extinta em 1975 quando da criação da Empresa Paulista de Planejamento Metropolitano, a Emplasa, por decreto estadual.

formava uma rua suspensa que interligava o gabinete do secretário e seus principais assessores e diretores de cada departamento. A passarela era o principal elemento para a unidade do conjunto, aquele que os relaciona, estabelecendo a dinâmica da composição arquitetônica.

Já no caso do projeto para o Centro Administrativo, o objetivo número um de Fábio foi evitar que o conjunto todo se transformasse numa espécie de prisão de luxo para o funcionalismo público. Ele imaginava um Centro Administrativo que não segregasse seus ocupantes e funcionasse como uma espécie de rua no meio de um parque.

Naquela época, quem trabalhava no centro da cidade — como o pessoal da redação da revista *Visão*, situada na rua Sete de Abril — podia caminhar na hora do almoço, jogar no bicho, engraxar os sapatos, olhar as vitrines, conviver. Mas sempre que os arquitetos transferiam esse convívio urbano para soluções desenhadas com o compromisso de serem bonitas ou inovadoras, acabavam fracassando.

Os projetos podiam ganhar destaque nas revistas especializadas, análises críticas e justificativas fundamentadas, mas simplesmente não funcionavam. O Centro Administrativo Estadual idealizado por Fábio Penteado era, na verdade, uma grande área de lazer.

O ponto de partida foi o respeito às condições ambientais e ecológicas do entorno. Buscou-se uma solução que interferisse o menos possível no terreno, mantendo a continuidade da área verde. O tratamento paisagístico do local foi elaborado com base em caminhos naturais definidos pelos lençóis freáticos e na reconstituição da vegetação original, visando a recuperação das matas ciliares.

Os automóveis seriam isolados em oito grandes bolsões de estacionamento, localizados nos limites da área, de modo a não interferir no percurso dos pedestres. Um sistema especial de transporte de massa, denominado Transporte Automático Leve (TAL), foi desenvolvido pelos alunos da Faculdade de Engenharia Industrial (FEI) para comunicar os vários pontos do conjunto, os estacionamentos e os terminais de transporte coletivo.

PESSIMISMO

"Tanto pessimismo é quase obrigatório perante o quadro que nos é imposto, mas de repente tenho medo de misturar o pessimismo com o nosso urbanismo, mas também fico com muito medo, aqui, hoje, com vocês, de repetir aquele famoso arquiteto inglês que, em meados do século passado, aborrecia a paciência de todo mundo com insistentes discursos na Casa dos Lordes e publicações várias, querendo provar que Londres teria de parar de crescer, sob o risco de morrer sufocada pelo cocô dos cavalos."

(Mesa redonda "A cidade e a saúde", 1987)

VOZ

"O simples carimbo oficial para decisões tomadas em círculos fechados, sem o devido debate e a participação daqueles que serão diretamente afetados, representa uma falha no processo de planejamento urbano. É fundamental garantir que as comunidades tenham voz ativa nas decisões que moldarão o futuro de suas cidades, para que as políticas públicas reflitam as necessidades e os desejos da população."

(Palestra)

TRANSFORMAÇÃO

"A arquitetura não se limita a construir edifícios, mas sim a criar espaços que promovam o bem-estar, a inclusão social e a harmonia [...]"

(Palestra)

LEGADO

"Malgrado estas profundas transformações, muitas vezes imagino que permanecem, ainda, em nossos projetos, os conceitos do velho Partenon [...]"

(Palestra)

INTEGRAÇÃO

"[...] seria impossível abordar os temas da Arquitetura e do Urbanismo isoladamente, pois estão intrinsecamente ligados [...]"

(Palestra)

MARGINALIZAÇÃO

"Na verdade, raramente têm sido eles (os arquitetos) convocados para participar das discussões e das decisões oficiais, permanecendo ligados ao mercado da iniciativa privada [...]"

(Palestra)

PLANO DIRETOR

"Agora, essa questão do Plano Diretor é lamentável, porque esse filme já vimos no passado. Em 1966, existia uma legislação semelhante que na verdade gerou, durante a ditadura militar, uma indústria de papel pintado."

(*Diário do Povo*, 15 mai. 1988)

FALTA DE PROJETO

"Não há recuperação a curto e médio prazo. Isto porque quando os problemas são muito grandes, abrangem até dois milhões de habitantes... Não temos projetos para um novo modelo de cidade. E buscar esse modelo deveria ser a maior preocupação da arquitetura e urbanismo e dos governos de forma geral."

(*Diário do Povo*, 15 mai. 1988)

SOBRE O REFEITÓRIO DE UM ASILO

"Havia também um esforço muito grande de romper o sistema, e eu não sei de onde é alimentado, mas há homens que passam a vida andando e trabalhando na lavoura. O sistema de viver, partindo talvez da experiência sueca ou alemã, implica também numa disciplina de horários, de comer, uma disciplina que mesmo válida para trabalhadores, eles não conheciam. Então, essa varanda procurava amainar a ideia de que o indivíduo pudesse se sentar, andar, comer, e ao mesmo tempo buscar um encontro com as pessoas de fora, que normalmente têm aversão porque o ambiente típico de asilo é de uma profunda tristeza."

(Palestra, Departamento de Planejamento)

Sobre o solo preparado nos aterros da várzea, seis módulos conjugados compunham o conjunto das edificações, uma evolução do edifício-ponte apresentado no projeto de Fábio para a Secretaria da Agricultura. Os módulos tinham a forma de troncos de pirâmides invertidas, assentados sobre sua base menor, comunicando-se na base e na cobertura, e delineando um monobloco de 90 metros de largura por 660 metros de comprimento. A cobertura em grelha contínua permitiria a iluminação natural da área central das edificações e, juntamente com os módulos, projetaria sobre o pavimento térreo um pergolado de grandes dimensões.

Cada módulo correspondia a um edifício independente de oito andares, composto por: dois edifícios de embasamento, interligados entre si (um com mezanino); um térreo integrado ao parque; e cinco pavimentos superiores, com plantas variáveis, atingindo uma altura máxima de 35 metros. Os módulos dispunham de duas prumadas de circulação vertical — com uma escada e oito elevadores em cada uma — permitindo flexibilidade na composição dos espaços, de modo que o conjunto pudesse crescer nos dois sentidos ou, futuramente, interligar-se a outros por meio de pontes.

O segundo subsolo estava destinado às áreas de serviços gerais — almoxarifado, depósitos, arquivos, vestiários, estacionamento para funcionários — e à circulação de serviço e abastecimento. Este piso se estendia para além dos módulos, abrigando, de um lado, a central técnica, de segurança e de manutenção (abrangendo a central energética, reservatórios de água e gás e incineradores de lixo) e, do outro, os serviços de apoio ao centro cívico e cultural localizados sob o teatro e anfiteatros.

O primeiro subsolo, composto por um mezanino, foi definido como o nível da grande calçada — a rua de animação de cada edifício — onde se buscou reconstituir a diversidade do ambiente urbano. Equivalente a seis quarteirões de uma avenida tradicional, essa área deveria concentrar o centro comercial e cultural de cada módulo, onde estariam as estações do TAL para embarque e desembarque dos passageiros, contando com lojas, bancos, bares, restaurantes, cinema, biblioteca e auditório. Esse piso funcionaria como o centro de atendimento e triagem do público e daria acesso aos demais andares.

Desenho de perspectiva para o projeto do Centro Administrativo Estadual, 1998; por Luiz A. Vallandro Keating.

No andar térreo, configurado como uma área coberta do parque, os elementos de circulação vertical sem paradas e um centro cívico de caráter aberto, que incluía espaços para reunião de massas, uma arena ao ar livre para 10 mil pessoas e salas de auditório com acessos tanto pelo parque quanto pelo primeiro subsolo.

Os quatro pavimentos superiores foram destinados às atividades burocráticas das secretarias e seus departamentos, com fácil acesso ao nível do calçadão. No quinto e último pavimento — o nível das atividades oficiais do primeiro escalão — localizavam-se o gabinete e a residência do governador, além dos escritórios dos secretários, distribuídos ao longo de uma rua equipada com esteira rolante, interligando todos os módulos e replicando o papel do calçadão inferior para favorecer a integração da máquina administrativa. Como outros megaprojetos brasileiros e internacionais, este também não foi construído.

TORRE DO ANHANGABAÚ, EIXO METROPOLITANO, CORREIOS: PROVOCAÇÕES

Quando São Paulo nasceu, o vale do Anhangabaú estava fora da área destinada a abrigar um enclave cristão nos campos de Piratininga. Outras tentativas de colonização tinham sido liquidadas pelos indígenas, quando os jesuítas escolheram uma colina cercada por várzeas e rios, fácil de ser defendida. O povoado foi batizado com nome de santo católico, mas os rios mais próximos, todos situados além dos muros fortificados, mantiveram seus nomes originais. O Anhangabaú entre eles.

Não demorou muito e a cidade superou seus limites originais, avançando em todas as direções. O mais promissor desses avanços se encontrava justamente do outro lado do rio, nas terras planas onde surgiu a chamada Cidade Nova.

Durante um bom tempo, as duas cidades — a velha e a nova — viveram de costas uma para a outra, separadas pelo Anhangabaú. Em algumas das fotos mais antigas de São Paulo, localizadas pelo professor Benedito Lima de Toledo e publicadas no livro *Prestes Maia e as origens do urbanismo moderno em São Paulo*,[26] isso fica evidente. Numa delas, se avistam construções de porte dos dois lados e apenas campos cultivados junto ao rio. Em outra, o primeiro viaduto do Chá supera o vale por onde corre um rio retificado, mas as plantações persistem.

Antes mesmo de os paulistanos conhecerem o verdadeiro significado da palavra "urbanismo", o vale motivou diversos projetos de urbanização, todos destinados a "civilizar" de vez as terras um dia vistas como território inimigo. Graças a esse empenho, durante mais de um século e meio, ele foi o cartão postal, a sala de visitas da cidade. A partir dos anos 1960, no entanto, o jogo virou. Conjugando apetites imobiliários insaciáveis com intervenções públicas pontuais e ineficazes, apoiadas no automóvel e no loteamento clandestino, outras regiões de São Paulo tornaram-se a menina dos olhos da cidade — sempre e cada vez mais distantes do núcleo original.

Como resultado, a região central e o vale do Anhangabaú entraram em franco processo de deterioração. Em 1986, a Prefeitura de São Paulo promoveu o primeiro movimento para estimular a iniciativa privada no centro, com a chamada "operação interligada" — que visava permitir mais construções sobre o mesmo terreno, desde que o interessado arquasse com o custo extra, pagando pelo direito de ampliar a área a ser erguida. Entretanto, por receio de uma explosão imobiliária, o alcance da operação foi limitado a 160 mil metros quadrados de área construída.

Foi aí que nasceu a ideia da Torre já descrita neste livro. Para exemplificar o potencial desse sistema, a Empresa Municipal de Urbanização publicou um estudo de caso para uma quadra vizinha ao Anhangabaú.

Em sua sala com as paredes recobertas de prateleiras que guardavam projetos e avaliações imobiliárias, um carioca de

26. Toledo, Benedito Lima de. *Prestes Maia e as origens do urbanismo moderno em São Paulo*. São Paulo: Empresa das Artes, 1996, p. 297.

nascimento viu a proposta que se pretendia inovadora e não gostou. Luiz Antonio Pompéia tinha tradição no ramo: seu avô fundou, em 1939, a Bolsa de Imóveis do Rio de Janeiro, onde ele mesmo trabalhou durante um ano, antes de ir para São Paulo abrir uma sucursal, que acabou se transformando na Empresa Brasileira de Estudos de Patrimônio. Do período em que viveu na Europa, Pompéia trouxe algo de mosqueteiro: bigode, cavanhaque e rabo de cavalo que o tempo embranqueceu, além da mania de defender suas ideias com o empenho de espadachim.

Pompéia não era arquiteto — era autodidata. Aos poucos, reuniu o mais completo banco de dados sobre preço de imóveis, flutuações e tendências de mercado imobiliário. Mas não se limitou a medir o pulso do mercado, procurou apontar alternativas para enfrentar o drama das grandes cidades brasileiras.

Num fim de tarde, Pompéia chamou Fábio Penteado e lhe apresentou o desafio: colocar toda a área proposta para a operação interligada do centro numa única quadra — justamente a que fora usada como exemplo pela Prefeitura. Esse exemplo, embora modesto, chegou às mãos de Fábio Penteado acompanhado de um repto: seria possível utilizar de forma radical e inovadora os 160 mil metros quadrados disponíveis naquela quadra, transformando a paisagem e reafirmando a vontade coletiva de renovar o centro?

Após uma conversa inicial, visitaram a quadra em questão, recordou Fábio: "Os prédios estavam caindo aos pedaços e o comércio estava precário".

Durante o almoço no tradicional restaurante Guanabara, na esquina da avenida São João com o Anhangabaú, ambos constataram que não era possível remover a área por decreto. Em vez disso, era preciso oferecer um novo estoque de área para que empresas se mudassem e os edifícios decadentes pudessem ser reciclados. Esse conceito passou a nortear o programa de intervenção idealizado com base em dados reais.

Para Pompéia, não bastava apenas aumentar a taxa de ocupação do solo; era necessário cravar uma marca que simbolizasse a renovação da paisagem e da economia imobiliária do centro. O projeto imobiliário resultou em um programa que incluía um hotel de 900 quartos, um shopping center e 80 mil metros quadrados de escritórios, tudo reunido em um objeto que pretendia renovar a paisagem e afirmar a vontade de transformar o centro de São Paulo.

Alguns meses depois, Fábio apresentou a Pompéia uma reprodução em escala — confeccionada em madeira balsa — de uma torre de 300 metros de altura: a nova Torre do Anhangabaú. O projeto, elaborado em parceria com os arquitetos César Sampedro e Davison Becato, previa um complexo imponente composto por duas torres geminadas, com 70 mil metros quadrados de área distribuídos em 68 andares. O conjunto abrigaria um hotel, além de escritórios, residências, lojas, serviços, áreas de lazer e estacionamento subterrâneo.

A torre tinha como seu centro um grande átrio que reuniria os principais acessos. Um túnel direcionaria os usuários à estação de metrô São Bento, enquanto outro, passando por baixo do antigo Hotel Esplanada, na Praça Ramos de Azevedo, originaria uma passarela que se estenderia sob a rua Xavier de Toledo.

Cada andar teria variações no perímetro externo, definindo o ritmo da fachada, e uma queda interna diferenciada que permitiria a personalização dos espaços — seja para escritórios ou para dormitórios. No topo, um terraço, acessado por elevadores externos de alta velocidade, dominaria a paisagem. Em certo sentido, o edifício lembraria um "guerreiro", com um braço horizontal e uma esfera que funcionaria como escudo, equipada com os mais modernos recursos de eletrônica e holografia para exibir notícias, anúncios e informações úteis a quilômetros de distância — quase um novo farol de Alexandria.

Previsto para ser realizado com a tecnologia brasileira disponível, o complexo foi sugerido para ser apresentado na Exposição Internacional de Sevilha, como uma vitrine das técnicas construtivas, materiais e equipamentos nacionais. Embora audacioso, demonstrava plena viabilidade; Pompéia sabia, por exemplo, de edifícios semelhantes (ou maiores) existentes em cidades como Singapura.

A proposta também foi comparada a desafios históricos, como a construção do Empire State Building, erguido em um ano e 45 dias logo após a recessão de 1929, e o Edifício Martinelli, dos anos 1920 em São Paulo. Segundo estimativas, o custo do projeto estaria entre 500 milhões e 600 milhões de dólares, com um retorno mínimo de 25%.

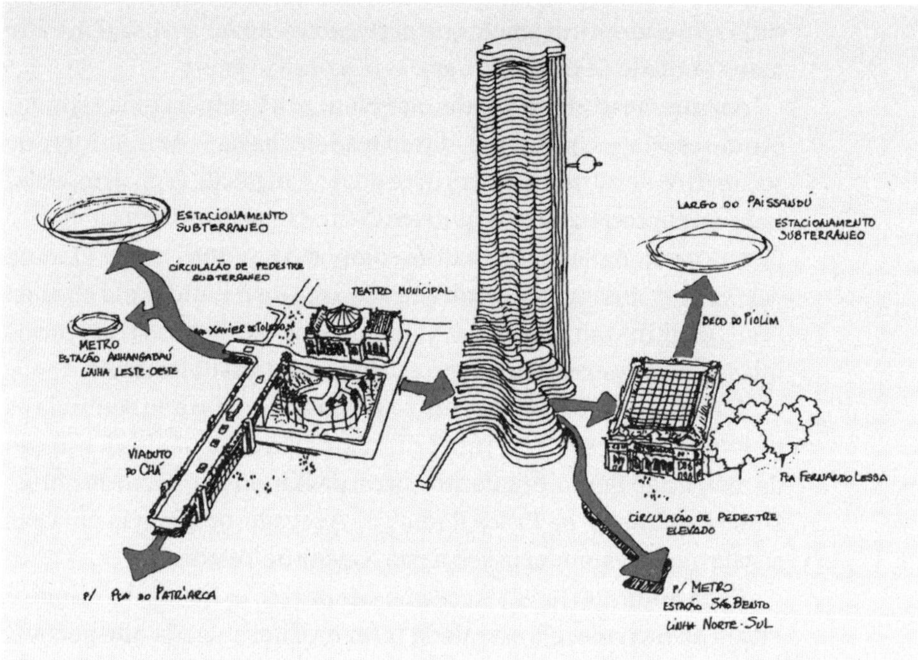

Desenho de esquema de fluxos para projeto da Torre do Anhangabaú, 1991; por Luiz A. Vallandro Keating.

A proposta final de Fábio Penteado e Pompéia, apesar de parecer extraordinária para o início dos anos 1990, tinha precedentes internacionais e incorporava diversas ideias nunca realizadas no centro, como garagens subterrâneas, circulação de pedestres abaixo da rua e um tubo transparente de transporte de pessoas até a estação São Bento do Metrô.

O projeto chegou a ser levado a uma audiência pública na Câmara Municipal durante as discussões sobre a operação interligada. No dia seguinte, por estranha coincidência, o Diário Oficial publicou uma deliberação que tombava os edifícios reciclados, reforçando o conceito de intervenção baseada em dados reais.

•

A tal operação interligada não passou de intenção, mas algum tempo depois a Prefeitura abriu um concurso para a renovação do centro. Pompéia, Fábio e a equipe que desenvolvera o projeto da torre resolveram participar, elaborando uma proposta a partir de uma ideia aparentemente radical — a de que uma cidade com quase 20 milhões de habitantes não pode ter um centro tradicional.

Definiram, assim, um grande eixo, ligando o Terminal Rodoviário da Barra Funda até o Museu do Ipiranga, partindo do princípio de que ali existe uma inusitada quantidade de transporte ferroviário, hoje pouco utilizada. Com a integração e com a retirada dos trens de carga dessas linhas que cortam o centro da cidade, surgiria uma área capaz de concentrar as atividades típicas de centros das cidades.

Atualmente, essa zona se estende dos Campos Elísios, passando pelo Parque Dom Pedro, até a região da Mooca, onde se encontra a avenida do Estado — que tem trechos bonitos, mas é pouco valorizada. A região é predominantemente industrial, com pouquíssimo uso residencial.

Ao longo desse novo eixo, seria possível abrigar mais de um milhão de pessoas por meio de grandes conjuntos com áreas verdes e próximos a equipamentos culturais. Entre as propostas, destacam-se o aproveitamento da parte inferior do viaduto do Chá e a utilização dos subsolos do antigo prédio da Light (para um Museu da Energia) e do Teatro Municipal (para exposições de cenários e figurinos), unindo espaços atualmente sem uso em um museu metropolitano.

Para Fábio, o projeto resultante lembra as ruínas da cidade asteca de Teotihuacán, a 50 quilômetros da Cidade do México — uma visão que, para ele, vai além do encanto turístico ou da intriga arqueológica, constituindo uma antevisão mágica de uma cidade do futuro.

•

Logo depois, outro concurso público permitiu que o mesmo grupo desenvolvesse um projeto de reciclagem para a sede dos Correios, situada em frente à quadra onde a torre foi imaginada, no Vale do Anhangabaú. Embora, arquitetonicamente, o projeto se assemelhe ao prédio dos Correios de Buenos Aires, a solução proposta também apresenta semelhanças com o projeto do Centro de Convivência Cultural de Campinas.

Pelo projeto, a sede dos Correios seria transformada em um ponto de encontro — com pequenos museus, cinemas, teatros e restaurantes em torno de uma galeria. Para possibilitar essa nova função, o prédio seria cortado ao meio, prolongando a rua existente na parte de trás, e suas claraboias seriam ampliadas até formarem uma cobertura de vidro, abrindo fachadas internas com balcões. As escadas, projetadas para vencer o desnível entre a parte de fundo e a fachada principal, funcionariam como arquibancadas para eventos, conectando espaços e possibilitando a realização de espetáculos tanto internos quanto externos, por meio de pontes de aço sobre a antiga praça dos Correios.

Embora o projeto tenha sido levado a audiência pública e discutido intensamente, sua divulgação acabou por inviabilizá-lo. No dia seguinte à audiência, o Diário Oficial publicou uma deliberação tombando o prédio do Cine Marrocos — um edifício sem valor histórico, mas localizado exatamente na quadra em debate — encerrando, assim, a possibilidade de transformação imediata naquela área.

•

Fábio e seus parceiros não foram os únicos a especular sobre o centro e seus problemas. No início de 1994, a Empresa Municipal de Urbanização encomendou a 40 estudantes da Universidade de Stuttgart, na Alemanha, a resposta a uma pergunta: o que você faria, do ponto de vista urbanístico, para poder mudar o perfil do Vale do Anhangabaú, revitalizando a região e criando um novo polo de atração econômica?

Os estudantes apresentaram 21 projetos que se baseavam em: criar um super símbolo para a cidade — tornar o Vale um chamariz para novos investimentos; revitalizar a região —, construir edifícios diversos; e organizar os espaços — implementar interferência do poder público, incentivando a conservação de imóveis.

Entre as propostas mais radicais, estavam a construção de um bulevar com edifícios de alturas variadas, a divisão do Vale em três praças distintas com verticalização de novos prédios na Avenida São João, e até a demolição dos viadutos do Chá e Santa Ifigênia para a construção de grandes edifícios que se tornariam marcos visíveis de toda a cidade. Um outro projeto, menos radical, propunha construir uma torre circular sobre o Viaduto do Chá.

PALITOS DE SORVETE

● Monumento a Cuba, Playa Girón - Cuba, 1962

Em 1962, dois assuntos ainda galvanizavam a imprensa mundial, embora um pouco anteriores: Brasília e a revolução cubana. Após derrubarem a ditadura de Fulgêncio Batista e aderirem ao comunismo, aqueles aventureiros barbudos que comandavam a ilha rechaçaram uma tentativa de invasão financiada e apoiada pelos americanos.[27] E para afirmar a vitória, decidiu-se construir um monumento na região de Playa Girón. Para isso, pediu que a União Internacional dos Arquitetos organizasse um concurso, que despertou o interesse de arquitetos do mundo todo. Até mesmo os norte-americanos enviaram trabalhos, furando o bloqueio, via México ou Espanha.

O concurso pedia um monumento, uma praça para 30 mil pessoas e um museu para guardar as armas conquistadas ao inimigo. A princípio, Fábio não parecia interessado, mas uma noite encontrou Ubyrajara Gilioli. Bira, como era chamado entre os arquitetos, era professor de arquitetura no Mackenzie, como Fábio, e havia se empenhado muito na divulgação do concurso. Desolado, Bira só falava de uma tia que havia morrido, em Lins, no interior de São Paulo. Ela alfabetizara desde o prefeito até o homem que varria a rua e Bira queria desenhar um túmulo para a tia, que fosse uma espécie de monumento.

Entre um copo e outro, Fábio ponderou que a melhor maneira seria desenhar uma árvore e ali mesmo, na mesa do bar, esboçou o projeto. Sabe-se lá por que razão, o túmulo que parecia uma árvore motivou a dupla a encarar o desafio de projetar um monumento à vitória de Cuba. Faltando apenas quatro dias para o encerramento do prazo, Fábio chamou alguns de seus alunos do Mackenzie e começaram a trabalhar.

A forma acabou surgindo no reduzido espaço em branco de uma embalagem de cigarros. Mas ninguém conseguia transformar aqueles rabiscos aparentemente sem sentido num desenho tridimensional, até que Fábio transformou a imagem que tinha em mente num pequeno objeto feito de palitos de sorvete colados com chicletes. Iluminando a maquete tosca com uma lanterna foi possível passar seu traçado para o papel vegetal.

Era uma estrutura gigante, com uma viga de 120 metros em balanço. Impraticável, garantiam uns. Perfeitamente viável, retrucava Fábio.

---

27. A tentativa de invasão da Baía dos Porcos ocorreu em abril de 1961, quando cerca de 1.400 exilados cubanos anticastristas, treinados e financiados pela CIA, desembarcaram na costa sul de Cuba com o objetivo de derrubar o regime de Fidel Castro. A operação, chamada de "Operação Zapata", foi um fracasso militar e político. As forças invasoras conseguiram inicialmente avançar alguns quilômetros terra adentro, mas foram rapidamente contidas e derrotadas pelo exército cubano. Em menos de 72 horas, mais de 1.100 homens foram capturados, e o restante morreu em combate ou conseguiu escapar. O episódio fortaleceu o regime de Castro e acirrou as tensões da Guerra Fria entre os Estados Unidos e a União Soviética.

Para resolver o impasse, chamaram um especialista em estruturas de concreto. Com a régua de escala, o sujeito mediu o desenho e perguntou se não dava para diminuir um pouco a viga em balanço. Fábio disse que era difícil, porque o desenho tinha nascido assim.

O engenheiro sugeriu, então, deixá-la com 90 metros de comprimento. Fábio concordou. Virou a régua de modo a usar outra escala e assim redimensionou proporcionalmente os outros elementos do monumento. De qualquer modo, o resultado parecia uma gigantesca flor de concreto: a sombra do monumento projetada no chão cobria uma área de 200 metros de diâmetro.

Mas faltava conseguir o material necessário para inscrever o projeto — e o prazo era curto. Tão curto que, numa noite de sábado, Fábio tocou a campainha de um grande apartamento, debruçado sobre a Praça da República, no centro de São Paulo, onde acontecia uma festa. Ele não era exatamente um convidado e, nas mãos, trazia o tal objeto estranho e mal-acabado — feito de chiclete e palitos de sorvete. O dono da casa e da festa era a única pessoa capaz de transformar aqueles palitos em painéis fotográficos: Aldo Calvo.

Aldo trocou a Itália pelo Brasil em 1947 e foi trabalhar no Teatro Brasileiro de Comédia. Durante quase 30 anos, participou dos principais projetos e reformas de grandes teatros, como o de Manaus e o Municipal de São Paulo. Além disso, sua importância como fotógrafo se consolidou. No trato pessoal, era reconhecido pela sensibilidade e pela gentileza com que tratava todos.

Sempre pronto a ajudar, Aldo simplesmente deixou a festa rolando e, num quarto do apartamento, com sua câmera pequena, fotografou a maquete improvisada, que cabia no bolso do paletó e tinha apenas três centímetros de dimensão. Para simular o palanque do monumento, recorreu a um comprimido. No dia seguinte, os três negativos revelados foram projetados na parede de um estúdio fotográfico, comprovando de forma impressionante que existia, de fato, um monumento, mesmo que em formato extremamente reduzido.

Mas havia outro problema: não havia ninguém na equipe que pudesse traduzir o texto que explicava o projeto, com 12 laudas, para uma das línguas oficiais do concurso — inglês, francês, espanhol ou russo.

A saída foi heterodoxa, mais uma vez: foram cortando, cortando, cortando, até restarem três frases, que foram escritas em espanhol sobre as fotos. Elas resumiam a intenção:

De longe é paisagem;
De perto é monumento;
A praça é o povo.

Em Cuba, o concurso foi um acontecimento. Os projetos deveriam ser expostos dentro de um edifício, mas acabaram se estendendo pela rua, inclusive com coberturas improvisadas de lona. Como em todos os concursos, não havia identificação da origem ou autoria dos projetos, para não influenciar a avaliação. Uma única obra foi escolhida por dez arquitetos renomados de todo o mundo, entre eles o brasileiro Ícaro de Castro Mello — a que nascera de uma maquete com palitos de sorvete e goma de mascar.

Num primeiro momento, quando o júri apontou como vencedor a "grande árvore de concreto", Ícaro imaginou que se tratasse de uma obra de algum arquiteto japonês. No entanto, um jurado, que chegara atrasado, levantou a seguinte questão de ordem: o concurso pedia um monumento, uma praça e um museu, e aquele projeto, que não diferenciava uma coisa da outra, acabou ficando com o segundo lugar — decisão contestada pelo líder máximo da revolução cubana.

Após o concurso, Fidel Castro foi examinar os projetos classificados em uma reunião com os arquitetos cubanos. Durante a sessão, Fidel teria dito:

— Como dizem que eu sou ditador, se for para construir, que seja este aqui — o segundo colocado!

Apesar disso, a decisão de Fidel não assegurou a construção do monumento, embora o projeto dos brasileiros tenha repercutido mundialmente.

Numa revista russa, um crítico de arte desenvolveu um raciocínio a partir das três frases inscritas nos painéis, chegando a uma conclusão que contrastava com as 12 laudas originalmente escritas por Fábio. No Japão, outro crítico descreveu o monumento como o grito de vitória de uma ilha congelada no espaço.

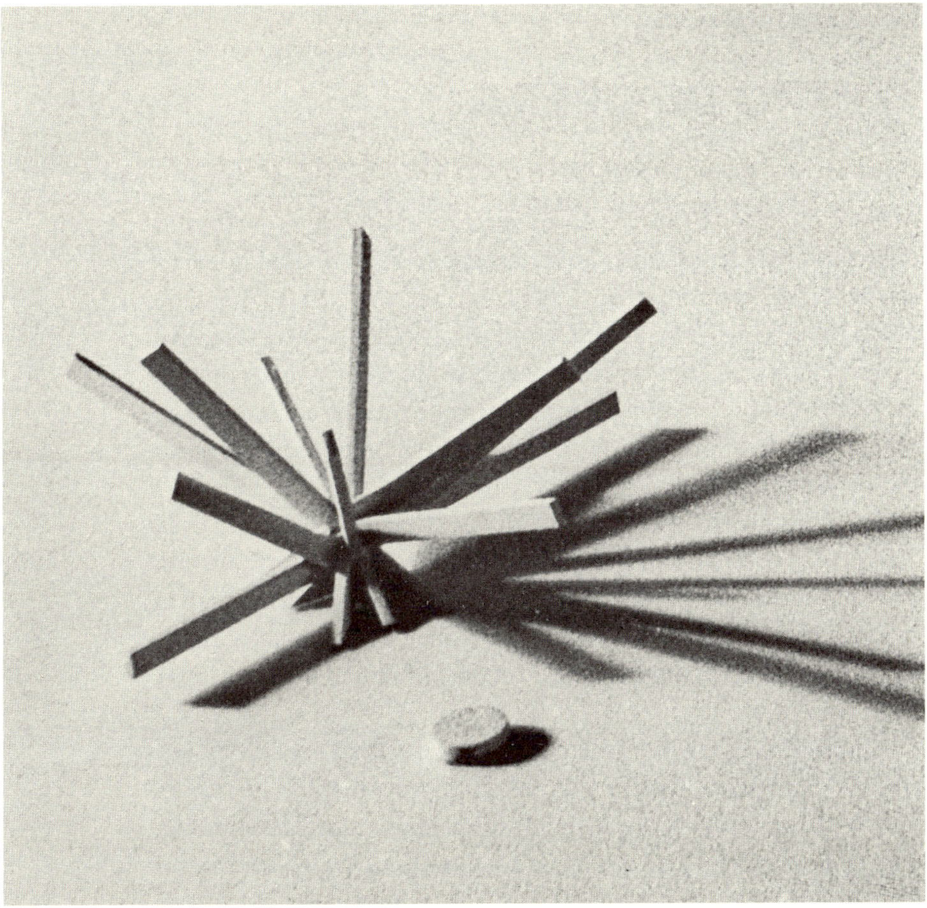

Maquete do projeto para concurso internacional para o Monumento de Playa Girón, Cuba, 1962.

TEATRO DE ÓPERA

● Teatro de Ópera, Campinas, 1967

As fotos que Aldo Calvo fez da maquete de palitos de sorvete e chiclete foram o início de uma longa amizade. Ele e Fábio passaram a se encontrar frequentemente para discutir seus ofícios. Em 1966, Fábio chamou-o para trabalhar com ele, ao lado de Teru Tamaki e Alfredo Paesani. Convite recusado, porque Aldo estava comprometido com outro arquiteto, no mesmo concurso nacional organizado pela Prefeitura de Campinas para selecionar um projeto para o Teatro de Ópera.

No gabinete do prefeito Ruy Novaes, "teatro" era uma palavra quase proibida. Em sua gestão anterior havia administrado a cidade como quem dirige uma empresa, virou capa da revista *Visão* (por sugestão de Fábio) e escandalizou a conservadora elite campineira, mandando demolir o Teatro Municipal para dar lugar a uma praça.

O concurso para um Teatro de Ópera era uma espécie de resposta do prefeito aos que o viam como um inimigo das artes. Resposta complicada, já que poucas cidades do mundo têm recursos para construir e manter funcionando um teatro desse tipo, sempre uma obra cara, para um reduzido número de espectadores, limitado pela proibição do uso de recursos mecânicos de amplificação da voz.

Faltando pouco tempo para se esgotar o prazo de entrega dos trabalhos, Aldo Calvo entrou no escritório de Fábio e comunicou que o outro arquiteto havia desistido. Sobre a mesa, havia um desenho grande. Aldo olhou e imediatamente começaram a discutir a ideia.

Em pouco tempo, reuniram um time de mais de 12 especialistas em cenotécnica, cenografia, acústica e sonorização. Um dos primeiros conceitos transmitidos era a singular relação entre as dependências que ficam atrás da cortina e o espaço utilizado pelo público. A área de trabalho de um teatro pode ser até dez vezes maior do que o conjunto representado pelo *foyer* e pela sala de espetáculos.

Fábio queria escapar da fórmula tradicional, repetida em quase todos os teatros de ópera e determinada pela exigência de um pé-direito muito alto sobre o palco, onde fica o chamado urdimento — a traquitana que permite subir e descer cenários e outros elementos cênicos.

Para abrigar esse pé-direito, os arquitetos costumam desenhar uma espécie de caixote de concreto ou alvenaria, onde os elementos decorativos são colocados como confeitos em um bolo de noiva.

Aldo dizia que era necessário deixar 52 metros de pé-direito sobre o palco, o que tornava praticamente obrigatório o formato de bolo. Fábio foi além e aumentou a altura livre da torre do palco para 54 metros, desenhando uma forma poligonal que lembra um templo inca.

Era preciso ainda facilitar a vida de técnicos, artistas e músicos que transformam as óperas em espetáculos sem igual. As grandes montagens exigem o empenho de até 400 pessoas. Parte desse pessoal, que viaja acompanhando as turnês, acaba morando nos camarins durante semanas a fio.

Para abrigar essa gente e seus distintos afazeres, Fábio transformou o palco numa espécie de praça central, para onde convergiam todos os caminhos. De um lado, ficavam os que fariam o trabalho da ópera. Do outro, olhando para o palco como se ele fosse uma praça, as pessoas na plateia.

Quem vê o desenho do grande edifício e sua torre de 54 metros de altura pode mesmo imaginá-lo como uma pracinha coberta, mais parecendo uma flor. Mas havia outro obstáculo — uma regra não escrita determina que todas essas edificações tenham duas salas: o teatro de ópera em si e um teatro experimental.

Desde o início, Fábio quis separar os dois teatros. Impossível, disseram. Diante da sentença, radicalizou: dois é complicado, melhor fazer três. E assim surgiu uma terceira plateia ao ar livre, no espaço que separa o grande e o pequeno edifício, um declive em direção à lagoa do Taquaral. Sobre as águas, como uma ilha artificial, o palco, compondo assim um conjunto em que se eliminava as características de monumentalidade do prédio enorme.

As pequenas arquibancadas desenhadas pelas curvas de nível trabalhadas formavam um parque que convida a passear ou se

Desenho para o projeto do Teatro de Ópera, Campinas, 1966; por Luiz A. Vallandro Keating.

sentar, dando, ao mesmo tempo, ao visitante, a sensação de que ele está num ambiente de teatro.

Um teatro de comédia, afirmavam os especialistas, deveria dar aos atores a sensação de estar dentro de um ovo. E Fábio desenhou um ovo. O espaço interno permitia, em certos momentos, uma integração completa entre ator e espectador. Era uma forma tão singela que só poderia ter sido adotada por quem não tinha qualquer experiência de projetar teatros, me disse Fábio mais tarde.

Pensando no conforto de quem trabalha e vive nos camarins, ele rasgou varandas para a paisagem, como aberturas na grande flor de concreto. Outras soluções incomuns surgiram, sempre submetidas ao crivo da equipe — como por exemplo, usar manches de aeromodelos para comandar o sistema de iluminação.

Para garantir que a voz dos cantores fosse ouvida com a mesma intensidade e clareza em toda a plateia, Fábio desenhou a engenhoca que usava o manche de pequenos aviões, permitindo ao técnico de som manobrar os rebatedores de som conforme o posicionamento do cantor. Concluído a toque de caixa, o projeto foi inscrito a tempo.

O julgamento não foi tranquilo — teve mudanças na ata e um voto em separado. O fato é que o trabalho de Fábio Penteado, Aldo Calvo e equipe ficou em segundo lugar. E estaria até hoje relegado ao esquecimento — nem o projeto vencedor foi executado — não fosse pela interferência do crítico teatral Sábato Magaldi.

Foi Sábato que, em 1967, recomendou ao Itamaraty enviar os três primeiros colocados do concurso de Campinas para a sala do Brasil na Primeira Quadrienal Mundial de Teatro, em Praga, na Tchecoslováquia. Naquele tempo, a ditadura militar que dominava o Brasil temia mais os comunistas do que os demônios, por isso gestos de aproximação com países do Leste, como esse, eram raros.

Por uma razão ou por outra, nem Aldo, nem Fábio foram à Praga e tinham até esquecido do assunto, quando leram no jornal *O Estado de S. Paulo* que haviam ganhado a grande medalha de ouro. A mesma notícia foi lida em pleno voo por Joá, o pai de Fábio, piloto de avião nas horas vagas. Foi tamanha a surpresa, que Joaquim Penteado quase perdeu o rumo.

O Itamaraty também ficou meio perdido, diante do prêmio inesperado e incômodo. Demorou vários meses até que a

GELADEIRA

"Muito mais do que equipamento de luxo, uma geladeira representa para uma habitação popular um objeto imprescindível para a manutenção da saúde, pois é sabido que uma das grandes responsáveis pela taxa de enfermidade da população brasileira, principalmente a infantil, é a ingestão de alimentos em fase de deterioração. É certo que a geladeira atualmente oferecida no mercado está fora do alcance da maioria da nossa população. Mas, por outro lado, uma mudança radical no desenho desse equipamento, que possa inclusive ser executado como parte do processo de construção da habitação, reduzirá de tal forma seu custo final que abrirá a possibilidade de todos possuírem esse obrigatório equipamento de saúde e conforto. Afirmaria mesmo que se possa instalar uma 'geladeira' perfeitamente compatível com as necessidades de uma família, somente com o custo dos ornamentos desnecessários daquelas convencionais atualmente no mercado."

(1º Simpósio Mundial de Artigos Domésticos Básicos e Mobiliário para a Habitação Popular, Caracas, Venezuela)

IDEIA VAZIA

"A ideia de construir um teatro é uma ideia vazia. Um teatro é uma obra cara. [...] Pessoalmente, acharia muito mais importante que tivéssemos muitos pequenos teatros, que fossem adaptados como salas de teatro todos os auditórios das escolas da cidade, onde houvesse um empenho para que as pessoas se acostumassem a viver e a acontecer junto com as coisas do teatro."

(Correio Popular, 18 mar. 1997)

MAIS QUE PALCO E PLATEIA

"Esteticamente, a pesquisa formal para a arquitetura de teatro é um dos desafios mais violentos para os arquitetos, em toda a história da arquitetura [...]"

(Folha de S.Paulo, 11 out. 1967)

TEATRO CASTRO MENDES

"O Castro Mendes é uma brincadeira, uma piada. Era um cinema, mas poderia ter sido uma oficina mecânica. Era um barracão muito precário de construção não muito estável. [...] A transformação dele em teatro foi um ato de loucura. [...] Na época, quanto eu fui perguntado sobre isso, eu trouxe um dos homens que mais entendiam de teatro no país e mostramos como era ridículo. [...] Transformado em teatro dificilmente poderia funcionar, como não funcionou. Remendar é pior ainda."

(Correio Popular, 18 mar. 1997)

BRASÍLIA

"As experiências desse tipo, de cidades novas, deram errado na Europa, mas é preciso lembrar que lá elas foram feitas — tal como a de Paris — distante apenas 40 quilômetros, próximas à concentração urbana, e sofreram um processo de transformação em cidades-dormitório. Não puderam competir com os grandes centros, desde que não se pode pensar em levar uma cidade nova a uma área sem planejar também mercado de trabalho e equipamentos urbano-sociais básicos, tais como teatros, universidades etc."

(Jornal Arquiteto)

"O professor Lúcio Costa teve dois momentos históricos: o primeiro, na década de 1930, foi de grande acerto; no segundo, em Brasília, interpretou — de forma brilhante — uma composição inadequada."

(Arquitetura Revista, ano 1, n. 1, set. 1983)

"Brasília é um desastre no sentido humanista! Não foi programado um só setor para assentar multidões de gente, que obviamente largaram o Norte e Nordeste para buscar uma vida melhor, trabalhar. O sujeito não tinha mais nada pra fazer, não tinha nada de projeto agrícola, rural, indústria, nada... Eram só as maquetes! Tanto que todo o entorno de Brasília foi todo dividido pelos políticos, todo mundo lá tem fazenda, sítio... Então, não teve nenhum projeto de ligação com gente, coisa que cada vez mais é obrigatório, você coloca isso como fundamento. Que tem que ser bonito, também!"

(Vitruvius, 22 nov. 2011)

ELEVADORES

"Em França, os prédios possuem geralmente um elevador, com espaço para duas pessoas apenas. [...] Morar tem que ser uma matéria de estudo nas escolas [...]"

(Jornal Arquiteto)

CENTRO DE CONVIVÊNCIA CULTURAL

"A proposta era de abrir o edifício ao invés de ser um quadrado ou um retângulo, fazer uma praça de encontro para que as pessoas pudessem, encontrando aquele espaço, encontrar também coisas da cultura. Não só teatro, mas pintura, música... O desenho do prédio era uma escada para as pessoas poderem sentar e ver alguma outra coisa [...] De nada adianta ter um belo prédio sem ter um programa cultural que ligue a cultura às pessoas da cidade... Por isso propus um espaço aberto o tempo todo para mil usos diferentes."

(Correio Popular, 18 mar. 1997)

ESPAÇO E CONVÍVIO

"Se uma pessoa tiver espaços, sol, verde, ela poderá viver em uma área adensada. Descendo do prédio, encontrará espaços abertos, cheios de pessoas, equilibrado."

(Jornal Arquiteto)

funcionária de segundo escalão telefonasse, pedindo a Fábio que fosse ao apartamento dela no Rio de Janeiro, para buscar a medalha. Fábio não aceitou, condicionando o recebimento a uma cerimônia oficial, que acabou acontecendo de maneira canhestra na Fundação Bienal, que afinal fizera a indicação do projeto para o concurso. Ali, diante apenas de seus pais e do arquiteto Vilanova Artigas, finalmente recebeu a medalha. Que nem era de ouro...

TEATRO DE PIRACICABA

● Teatro de Piracicaba, Piracicaba, 1961

A Ópera de Campinas não foi o primeiro projeto de teatro feito por Fábio. Logo depois de formado, desenvolveu uma proposta para a Prefeitura de Piracicaba. Embora fosse uma cidade pequena, na época, tinha forte influência da universidade e dos estudantes.

Pensando nos universitários, Fábio deixou de lado qualquer solução convencional ao desenhar o prédio. O terreno escolhido era uma praça que a solução convencional reduziria a quatro calçadas largas. Ali, também empregou a ideia da busca pela utilidade máxima dos edifícios, constante em seus projetos: criar espaços que permitam um uso intenso e ofereçam o máximo rendimento possível.

Um edifício neoclássico, de construção cara e imponente, permanece fechado na maior parte do tempo, enquanto a multidão passa ao lado sem jamais ter a oportunidade de adentrar, e o exemplo mais recorrente nas falas de Fábio é o Theatro Municipal de São Paulo. Esse modelo era a antítese das premissas de Fábio:

> Eu me perguntava: "Tem que ser assim?" Não seria possível conciliar outras atividades além das apresentações? Não haveria forma de a multidão que passa indiferente usufruir do espaço de alguma maneira?

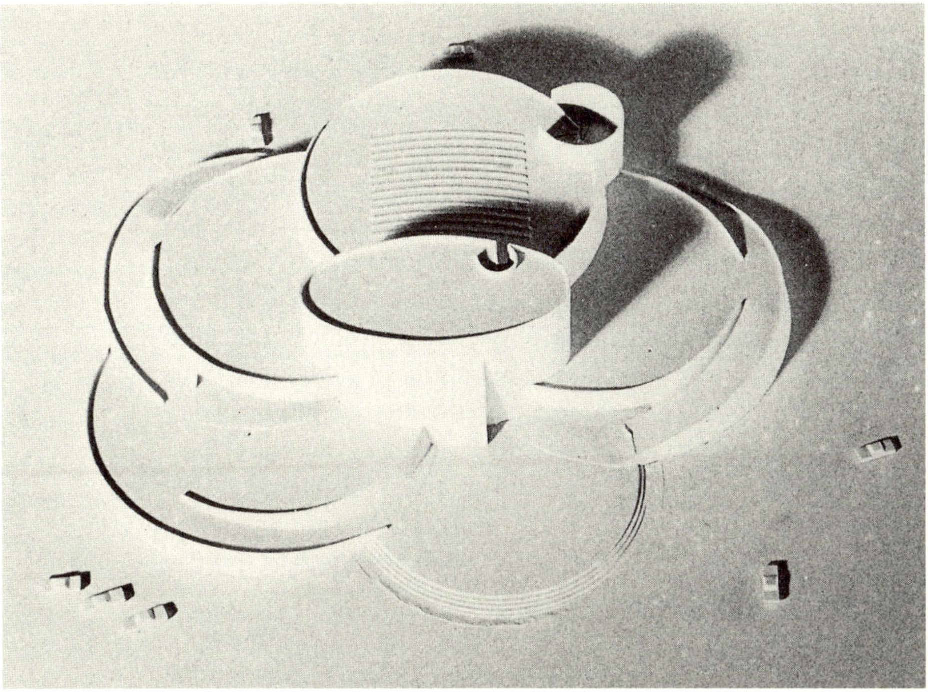

Foto da maquete do projeto do Teatro Municipal de Piracibaca, 1960.

Desde o final do século passado, a Escola de Superior de Agricultura Luiz de Queiroz[28] atraía muitos jovens para a cidade, mas Piracicaba ainda dispunha de poucos equipamentos culturais. Os principais pontos de encontro eram os bares, e as programações disponíveis eram escassas — condições que reforçavam a ideia de Fábio de que o investimento poderia render mais do que uma simples sala de espetáculos.

A área do projeto tinha vista para o rio Piracicaba e, aproveitando essa paisagem, Fábio imaginou um teatro como uma composição de planos que se sobrepunham. Volumes circulares abertos a partir de um ponto central formavam uma interpretação poética da relação com a natureza, transformada em desenho. Essa composição, que se configurou como uma negação da modulação tradicional, foi amadurecendo em projetos subsequentes, resultando em obras criativas e de extrema originalidade, bastante distintas da produção contemporânea.

Assim como o desenho, o espaço criado deveria conquistar e atrair as pessoas, tornando-se dinâmico e versátil para atender a sociedade de maneira mais adequada do que o tradicional edifício teatral, que permanecia fechado na maior parte do tempo e era frequentado por uma parcela restrita da população.

Trata-se, antes de tudo, de uma praça. Nela, foram organizados diversos planos que abrigavam o programa: além da sala de espetáculos, o projeto incluía biblioteca, espaço para exposições, café que se abre para um terraço e, por fim, um teatro de arena.

O projeto pretendia se integrar à paisagem e, ao mesmo tempo, ser um marco referencial, situando-se em um local com poucas referências. A execução, entretanto, parou nas fundações devido às mudanças políticas. O novo prefeito desistiu do teatro.

---

28. A Escola Superior de Agricultura Luiz de Queiroz (Esalq) é uma unidade da Universidade de São Paulo (USP), localizada em Piracicaba, no centro-oeste do Estado de São Paulo — uma região reconhecida como um importante polo de desenvolvimento industrial e agrícola. Fundada em 1901 a partir do ideal visionário de Luiz Vicente de Souza Queiroz, a Esalq evoluiu continuamente nos pilares do ensino, pesquisa e extensão. Atualmente, a instituição ocupa mais de 3.800 hectares, compreendendo o Campus Luiz de Queiroz e diversas estações experimentais, e é reconhecida nacional e internacionalmente por sua excelência nas áreas de ciências agrárias, ambientais, biológicas e sociais.

INSTITUTO DE ELETROTÉCNICA: CENSURA ARQUITETÔNICA

● Instituto de Eletrotécnica (USP), São Paulo, 1961

Em 1961, a USP decidiu implantar um projeto definitivo para o campus da Cidade Universitária, que incluía um novo plano diretor e projetos individualizados para várias faculdades e institutos tecnológicos. Para isso, convidou um grupo de arquitetos — Fábio ficou encarregado de projetar o prédio do Instituto de Eletrotécnica, com 45 mil metros quadrados de área construída. Tarefa complicada, por envolver uma tecnologia pouco conhecida e incluir seções de alta tensão ou alta voltagem, além da câmara anecoica, que demanda silêncio absoluto.

Com prazos curtos e pouca coordenação, apenas quatro dos dez projetos contratados inicialmente foram executados: a Faculdade de Arquitetura, de Vilanova Artigas; o Setor Esportivo, de Ícaro de Castro Mello; o Instituto de História, de Eduardo Corona; e o Conjunto Residencial, de Eduardo Kneese de Mello.

O edifício foi concebido por Fábio com dois pavimentos e um formato quadrado de 100 metros de lado, estruturando um amplo pátio central iluminado naturalmente por uma claraboia zenital. Alguns laboratórios e instalações de tecnologia especializada foram planejados em anexos, enquanto outros seriam construídos em áreas mais afastadas, garantindo maior segurança.

No centro do pátio, um auditório também quadrado, medindo 18 x 18 metros, cujas paredes externas, com 12 metros de altura, seriam revestidas com painéis criados pelo artista plástico Antônio Maluf, parceiro de Fábio na Cidade dos Doqueiros e no projeto do bairro do Limão.

Apesar do planejamento avançado, a construção do projeto foi abruptamente cancelada em abril de 1966, pouco antes do início das obras. Por coincidência, pouco antes, Fábio havia protagonizado um embate com o governo que resvalou para o reitor da USP.

Numa viagem para o Rio, Fábio leu a notícia de que o Ministério da Aeronáutica tinha vetado o projeto de Oscar Niemeyer para o aeroporto internacional do Rio de Janeiro. Conversou com o arquiteto Maurício Roberto[29] e organizou uma coletiva de imprensa. Saiu manchete grande no *Correio da Manhã*. Em outras palavras, Fábio dizia que a Grécia Antiga tivera sorte por não ter ministro da Aeronáutica, ou o Panteão poderia ter sido proibido. E foi além, dizendo que aquilo não era nada, já que, em São Paulo, havia um reitor da Universidade de São Paulo que tinha mandado demolir obras prontas sob a alegação de que eram projetos comunistas e que tinham sido feitos em Praga. E que os arquitetos teriam posto o alojamento de estudantes de tal forma que em algum momento, ao entrar ou ao sair, o reitor seria bloqueado, permitindo a subversão. Os prédios destruídos tinham sido projetados por Eduardo Kneese de Mello. Com ele, caiu a infraestrutura do Centro de Convivência, projeto do Rino Levi.

Em represália, o projeto da Eletrotécnica foi riscado do mapa da USP, segundo Fábio, a estilete e no original. Um caso inédito de censura arquitetônica: Fábio tem contrato, mas o projeto não existe oficialmente.

29. Maurício Roberto Doria Baptista (1921-96) foi um arquiteto brasileiro de destaque na Arquitetura Moderna. Formado pela Escola Nacional de Belas Artes (ENBA) em 1944, integrou a delegação brasileira ao Congresso Internacional de Arquitetos em Haia (1955), presidiu o Instituto de Arquitetos do Brasil (1956-65) e foi diretor fundador da Escola Superior de Desenho Industrial da Guanabara (1963-64). Junto com seus irmãos Marcelo e Milton, formou o icônico escritório MMM Roberto, responsável por projetos marcantes como o Edifício da Associação Brasileira de Imprensa e o terminal do Aeroporto Santos Dumont. Após a morte dos irmãos, Maurício manteve o escritório até seu falecimento em 1996, sendo sucedido por seu filho Márcio Roberto.

Prancha de implantação para o projeto do Instituto de Eletrotécnica da Universidade de São Paulo, 1961.

SAN SEBASTIÁN

● Condominio Turístico San Sebastián, San Sebastián - Espanha, 1965

A cidade de San Sebastián fica a 469 quilômetros de Madri, na costa do Cantábrico, perto da fronteira com a França. Não se sabe exatamente quando foi fundada — o primeiro registro é do ano 1014 — mas é certo que a cidade nasceu dividida entre espírito e matéria: o monastério mencionado no primeiro documento tornou-se um centro espiritual, enquanto seu porto passou a ser o principal acesso a Navarra. A prosperidade custou caro: em pouco mais de dois séculos, nem mesmo a proteção dos céus impediu que a vila queimasse seis vezes e fosse reconstruída outras tantas.

No começo da Primeira Guerra Mundial, San Sebastián converteu-se numa das cidades mais cosmopolitas da Europa. Por seu cassino passaram Mata Hari, Leon Trótski e Ravel, além de outros personagens. Durante o regime franquista não houve um só verão em que o Generalíssimo Franco não se transferisse para lá com armas e bagagens. Mais recentemente, a notoriedade passou a ser resultado de um festival internacional de cinema.

Na década de 1960, a população começou a aumentar rapidamente, chamando a atenção de grandes investidores imobiliários. Foi nessa época — mais exatamente em 1965 — que a Espanha lançou um concurso internacional destinado a construir um enorme complexo de turismo em San Sebastián.

Muitos arquitetos brasileiros, entre eles o próprio Fábio Penteado, inscreveram-se na competição. A firma promotora do concurso pretendia garantir a máxima liberdade aos participantes, oferecendo condições ideais para a criação — e Penteado respondeu concedendo à firma um nível equivalente de liberdade quanto à utilização do edifício.

O projeto foi concebido para promover a integração entre o novo complexo e a cidade de San Sebastián, evitando isolar os turistas em uma torre de alto luxo. Em vez disso, pretendia-se proporcionar a eles tudo o que a cidade oferecia de sentimento e calor humano por meio do relacionamento com a população local. A ideia básica

Maquete do Complexo Turístico San Sebastián, Espanha, 1965.

consistia em inserir, dentro do conjunto, um hotel de alta categoria e moradias de alto padrão, acompanhados de diversas atividades que incluíam esportes, cultura, lazer e centros comerciais. O ponto de partida foi a criação de um edifício com dinâmica urbana.

No terreno à beira-mar, Fábio projetou uma megaestrutura em forma de espiral, que, ao se erguer e desenvolver no espaço, cria em seu interior um amplo vazio com o sentido de uma praça. Em essência, trata-se de uma rua-rampa que realiza um movimento em hélice com uma inclinação que não excede 3%, gerando lotes de medidas variadas, conforme um plano de zoneamento preestabelecido. A intenção era não apenas criar um grande edifício, mas também estabelecer um verdadeiro novo bairro, que se integrasse à paisagem de maneira forte e natural.

O sol e a vegetação foram aspectos determinantes em todo o projeto. Os amplos terraços abertos afirmavam o desejo de aproveitar a luz natural e permitir uma vegetação sempre abundante, sugerindo uma forma ideal de viver e habitar. Os lotes formados sobre o concreto apresentavam condições semelhantes às de um bairro tradicional, e a inclinação da rampa facilitaria as instalações hidráulicas, permitindo que, em qualquer ponto, se construa livremente uma residência, um clube, um restaurante ou simplesmente se mantenha um jardim.

O térreo foi planejado como uma vasta área de passagem para automóveis e pedestres, organizada para garantir a visibilidade para o mar. Foram previstos três níveis de subsolo destinados a estacionamento. Os três primeiros níveis do edifício abrigavam áreas comerciais, de serviços e de lazer — incluindo lojas, bares e restaurantes distribuídos entre praças e jardins — seguidos de espaços para escritórios, unidades habitacionais e, nos pisos superiores, um hotel. No último piso, uma boate e um restaurante com jardim panorâmico. Quatro torres de elevadores, escalonadas e acompanhando a inclinação do projeto, completavam a proposta. O conjunto foi concebido para funcionar como uma grande indústria hoteleira, enquanto para o setor habitacional a ideia era vender lotes que permitissem aos futuros proprietários desenvolverem suas unidades com liberdade.

Esse projeto representava um novo organismo arquitetônico, uma proposta audaciosa e inovadora que foi precursora de soluções posteriormente observadas no panorama mundial — como as redes americanas de hotéis que instituíram o átrio central com elevadores panorâmicos.

Mas a ideia que antecipava de algum modo a solução adotada no Hotel Hyatt, de Nova York, nunca foi examinada pelos jurados. Fábio Penteado jamais descobriu o que houve com os desenhos. Eles foram enviados dentro do prazo, mas simplesmente não chegaram ao seu destino.

Maquete do Edifício Luiz de Queiroz, Piracicaba, 1958.

TRAGÉDIA

● Edifício Luiz de Queiroz, Piracicaba, 1958

Em 1958, Fábio ganhou o concurso para o que talvez fosse o maior conjunto de edifícios comerciais e habitacionais do interior, o edifício Luiz de Queiroz, que ficou conhecido como Comurba, alcançando um enorme sucesso. A partir de então, passou a projetar diversas habitações e prédios naquela região. Em 1964, o Comurba desabou, resultando na morte de pelo menos 50 operários — considerado o maior desastre do tipo.

Houve um processo longo e complicado, marcado por uma tentativa espúria do CREA de São Paulo de envolvê-lo como responsável, o que agravava a situação, pois o prejuízo não se limitava ao material, tendo também implicações na esfera policial. Ambos os lados — o escritório de concreto armado e os construtores — contrataram os advogados criminalistas mais competentes.

Fábio Penteado não teve nenhuma responsabilidade, inclusive porque, sem o seu conhecimento, foram acrescidos três pavimentos ao prédio que havia projetado, depois que se comprovou que o Comurba era, na verdade, um excelente negócio imobiliário. O escritório de cálculo era o Oswaldo de Moura Abreu, pelo qual nutria grande respeito — tendo projetado em São Paulo, por exemplo, o COPAN, o Edifício Itália e quase todas as maiores obras. Sua confiança no referido escritório era tão grande que o convidou para projetar a estrutura do Harmonia, também em 1964, que viria a ser um dos maiores vãos livres de concreto realizados no Brasil. Fábio demonstrou que nada tinha a ver com a história. Mas até hoje ninguém foi responsabilizado pela tragédia do Comurba.[30]

---

30. Em 6 de novembro de 1964, o Edifício Luiz de Queiroz desabou em Piracicaba. O prédio, com 15 andares (dos quais 14 estavam concluídos, mas apenas o térreo operava) e inspirado no Edifício Copan, era considerado um símbolo de inovação no interior paulista. O fiscal do CREA em Piracicaba, o arquiteto Walter Naime, que participou da vistoria dos escombros, relatou ao *Jornal de Piracicaba*, em 6/11/2024, que o edifício possuía uma estrutura especial em S, feita em

152

A CATEDRAL PRESBITERIANA DE BRASÍLIA

No projeto da Catedral Presbiteriana de Brasília, Fábio Penteado fixou um ponto central no solo, de onde partiam faixas em forma de estrela. Essas linhas formariam uma calçada que conduziria os fiéis ao interior do templo.

O teto seria composto por uma grelha de vigas de concreto, com módulos preenchidos por painéis de vidro colorido. Quando a luz do sol atravessasse essa estrutura, projetaria no piso imagens semelhantes às de um vitral. O chão, inclinado em direção ao altar, ganharia assim um sentido de movimento com as variações de luz ao longo do dia. À noite, a iluminação artificial projetaria as cores para além do edifício, criando um vínculo visual com o entorno.

A estrutura era baseada em um quadrado de 70 metros de vão, sustentado por roletes de neoprene nos vértices. Um sistema treliçado de vigas, com oito metros de altura, formava quadrados de 14 x 14 metros sobre os quais se apoiavam os vitrais. Os caixilhos, em metal e vidro duplo, garantiriam isolamento térmico e acústico.

Portas e painéis móveis permitiriam a integração entre o espaço interno e a praça externa. O piso delimitava áreas para o coral e o altar. A solução estrutural e o uso racional de elementos repetem estratégias adotadas por Penteado em projetos anteriores, como o Clube Harmonia.

---

curvatura e com junta de dilatação, dividida em dois blocos — sendo que o bloco voltado para a rua Prudente, que apresentava um ponto duvidoso no cálculo, foi o que desabou, enquanto o outro permaneceu em pé. Naime acompanhou a vistoria de todas as lajes e afirmou que, mesmo na última laje, onde o vento soprava com intensidade, não se encontrou evidência de fragilidade, o que impulsionou a análise técnica que culminou na demolição do edifício, iniciada no governo de Cássio Paschoal Padovani e concluída na gestão de Luciano Guidotti. O episódio paralisou a verticalização da cidade por cerca de 10 anos e permanece como um marco trágico na história de Piracicaba.

Ilustração para o projeto da Catedral Presbiteriana de Brasília, 1965; por Luiz A. Vallandro Keating.

MONUMENTO A GOIÂNIA

● Monumento a Goiânia, Goiânia, 1965

Em 1965, durante uma época de intensas transformações, Fábio disputou o concurso para o Monumento a Goiânia, praticamente com a mesma equipe com que havia trabalhado em outros projetos. O local escolhido era uma grande praça de chão batido, salpicada por numerosas árvores típicas da região do cerrado. Nesse terreno simples, deveria surgir uma forma surpreendente e simbólica: uma estrutura em degraus que se desenhava como uma estrela, lembrando as pétalas de uma flor. Essa configuração, com suas pontas irregulares que cortavam o chão de terra batida, se estendia por cerca de um quilômetro, convidando as pessoas a "pisarem nessas linhas" e serem conduzidas até o monumento, de modo a "entrar na história".

A premissa conceitual era criar um espaço que simbolizasse o encontro das pessoas — um lugar a partir do qual a história da cidade seria produzida. Essa ideia ganhava ainda mais força ao ser associada à própria Goiânia, capital do estado de Goiás, referência no urbanismo brasileiro e uma das primeiras cidades planejadas segundo os princípios modernos. O plano diretor de Goiânia foi desenvolvido, em 1934, pelo arquiteto carioca Attilio Corrêa Lima, um dos pioneiros da arquitetura moderna no Brasil, ao lado de nomes como Lúcio Costa, Affonso Reidy e Oscar Niemeyer.

O monumento idealizado por Fábio pretendia ser um marco voltado para o futuro, que valorizasse o espaço público e tivesse o poder de sensibilizar a população para a história da cidade, fortalecendo a cidadania. O projeto consistia em uma "praça-museu", na qual o monumento emergia do chão como as pétalas de uma enorme flor. As estruturas foram dispostas ao redor de uma área central, formando um verdadeiro palco para manifestações culturais. Em um nível inferior, desenvolveu-se um espaço museológico, no qual a luz natural penetrava pelas aberturas das

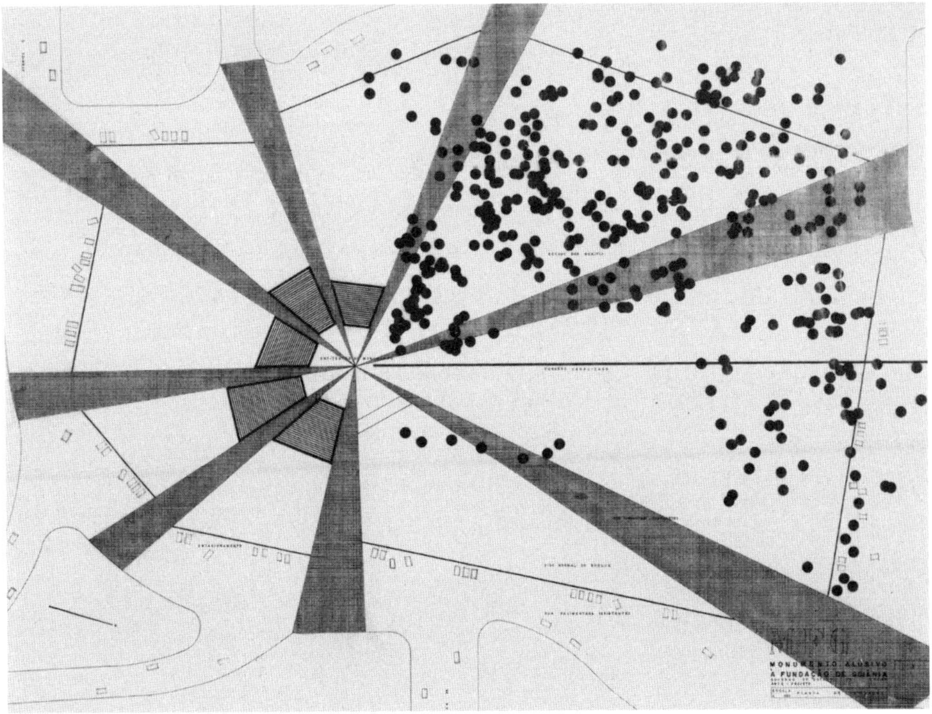

Implantação para o projeto do Monumento Comemorativo aos Trinta Anos de Goiânia, 1965.

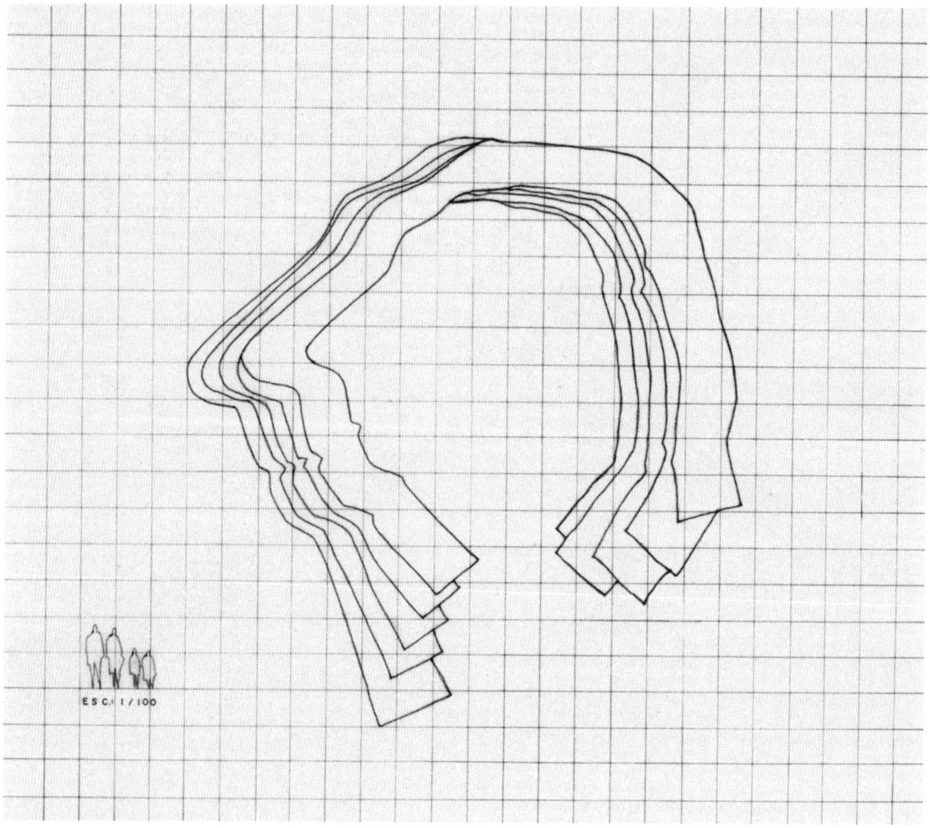

Vista frontal com grid para a construção da escultura Ulysses Guimarães, 1993.

estruturas, criando um mágico jogo de luz que enfatizava o caráter simbólico do conjunto.

Para justificar a inexistência de um prédio destinado ao museu, Fábio Penteado sintetizou sua visão com uma frase marcante: "Trinta anos é muito pouco para fazer uma história".

Apesar da originalidade do conceito, o projeto acabou sendo desclassificado de maneira igualmente lacônica: "O concurso é de monumento, não de arquibancada".

A ESCULTURA DE ULYSSES

● Praça da Pedreira, Campinas, 1992. ● Escultura Ulysses Guimarães, Campinas, 1991

Em 1991, o então prefeito de Campinas, Jacó Bittar, do Partido dos Trabalhadores, questionou Fábio Penteado sobre o que fazer com uma escarpa de mais de 30 metros de altura, numa pedreira abandonada.

O arquiteto recordou imediatamente as figuras esculpidas no Monte Rushmore,[31] nos Estados Unidos, que homenageavam os fundadores da pátria. Naquele momento, teve a ideia de transformar o local em um espaço que celebrasse a história e o futuro da cidade, evocando a imagem icônica do rio-clarense Ulysses Guimarães — um parlamentar e um dos líderes da resistência civil democrática, cuja vida foi inteiramente dedicada ao país.

Fábio, que já conhecia muito bem a velha pedreira e até recordava os momentos em que voava sobre aquele local ainda criança com seu pai, contou que, quando o prefeito lhe fez a pergunta, ele não imaginava ser convidado a criar a escultura: "Não sou escultor...".

---

31. As esculturas de figuras históricas dos Estados Unidos esculpidas em uma montanha estão localizadas no Monte Rushmore, na Dakota do Sul. O monumento apresenta os rostos de quatro presidentes norte-americanos: George Washington, Thomas Jefferson, Theodore Roosevelt e Abraham Lincoln. A obra foi realizada entre 1927 e 1941, sob a direção do escultor Gutzon Borglum e finalizada por seu filho, Lincoln Borglum.

CAMPINAS E ESPAÇOS URBANOS

"Aceitar um plano é um ato de inteligência e cultura e certamente não é o que marcou a vida pública de Campinas."

(Correio Popular)

"[...] Em Campinas, ainda talvez pudessem ser encontrados caminhos para a solução dos grandes problemas. Mas tudo indica que tal não deverá acontecer, porque em matéria de urbanismo os grandes problemas exigem obrigatoriamente um tempo longo de pesquisas. E é certo que nunca seriam cabíveis soluções imediatistas e improvisadas."

(Correio Popular, 18 mar. 1997)

"Hoje eu acho que, no sentido urbano, o centro é uma tragédia urbana, como é típico, infelizmente, das cidades que tiveram crescimento sem cuidar das suas coisas. [...] Em Campinas, o centro perdeu toda a sua potencialidade, até mesmo o valor imobiliário. Não tem valor. São terrenos que vão ficar sem uso. [...] Hoje é uma região muito triste e acho que quem puder não vir ao centro não deve vir. [...] Morrer, não morreu. Mas vai continuar pobre do ponto de vista de qualidade de vida."

(Correio Popular, 18 mar. 1997)

"O centro de Campinas é uma tragédia urbana. Nunca houve planejamento na cidade porque os governos municipais, caipiras, não abrem mão do direito de fazer suas brincadeiras."

(Correio Popular, 18 mar. 1997)

MAIS QUE PAREDES

"É um espaço maravilhoso, mas que precisa de reformas urgentes e de uma gestão profissional, com recursos que garantam a programação artística. Não basta restaurar paredes; é preciso restaurar a vocação do Centro para a convivência,"

(Correio Popular, 9 jul. 1981)

"A alegação de que faltam recursos para a manutenção e a criação dos espaços é prova de falta de imaginação de quem pode fazer algo pela cultura."

(Correio Popular, 12 mai. 1997)

"Campinas está isolada culturalmente pelos municípios vizinhos, pelo Governo do Estado e pela Unicamp — que está encerrada nela mesma."

(Correio Popular, 12 mai. 1997)

"O Centro de Convivência é um exemplo do descaso cultural na cidade. O prédio permanece em estado deplorável. Ele nunca foi terminado e o material usado para a sua construção é de baixa qualidade. Nem a iluminação foi totalmente concluída."

(Correio Popular, 12 mai. 1997)

BIENAIS

"Mostras, bienais ou quadrienais de arquitetura são fundamentais, mas é preciso ir além. A ideia é que, terminada a Bienal, criem-se, através do prestígio e da tradição das duas entidades, mecanismos permanentes de renovação e desenvolvimento da arquitetura, num trabalho ligado ao próprio projeto de construção do país."

(Revista Acrópole, abr./mai./jun. 1993)

"Pretendo convencer a Fundação Bienal de que ela, com o renome que tem dentro e fora do país, pode transformar a Bienal Internacional de Arquitetura de 1993 num marco importante para o desenvolvimento futuro da arquitetura. Terminada a mostra, a Fundação se empenharia em conjunto com o IAB e entidades governamentais e empresariais em trabalhos de pesquisa, debates, concessões de bolsas de estudo, publicações etc."

(Revista Acrópole, abr./mai./jun. 1993)

ENTIDADES

"A experiência da UIA que mais me emocionou foi participar com arquitetos do Vietnã do Sul e do Vietnã do Norte, sentados em torno da mesma mesa, discutindo arquitetura e como reconstruir as cidades destruídas pela guerra."

(Arquitetura Revista, ano 1, n. 1, set. 1983)

"Eu sempre conheci o IAB como um ponto de encontro de ideias, de onde seria possível contribuir de forma construtiva para os processos de renovação denosso país. É lógico que estou falando de antes de 1964. O IAB de São Paulo tinha, então, uma posição muito importante, articulando debates, reunindo profissionais e intelectuais que buscavam propor soluções concretas para os desafios nacionais [...]"

(Arquitetura Revista, ano 1, n. 1, set. 1983)

"A Direção Nacional do IAB, da qual fui presidente, sobreviveu em condições particularmente difíceis, mas foi um período muito construtivo. Acho muito importante lembrar que, mesmo manifestando um total desacordo com o sistema de governo vigente, levamos àquele mesmo governo uma objetiva contribuição dos arquitetos brasileiros [...]"

(Revista Acrópole, abr./mai./jun. 1993)

"[...] o fato mais expressivo e que demonstra o prestígio e a força de luta do IAB do meu tempo foi a grande vitória que obtivemos contra o então Ministro do Planejamento, Roberto Campos, e contra o CONFEA [...]"

(Revista Acrópole, abr./mai./jun. 1993)

"Participar da UIA foi para mim uma lição muito grande e muito forte no sentido de participar dos esforços para promover o congraçamento entre os arquitetos de todos os países [...]"

(Revista Projeto)

Mas, de um modo ou de outro, pouco tempo depois já tinha o desenho idealizado, inspirado por uma foto de capa da revista *Veja*. Essa foto, de autoria do renomado fotógrafo Orlando Brito,[32] foi o ponto de partida para que Fábio transformasse sua visão em obra de arte.

A proposta consistiu em redesenhar a imagem a partir de chapas muito finas de aço, que foram sobrepostas e retorcidas para compor uma estrutura de 13 metros de altura. A escultura, pintada de vermelho, foi montada na encosta rústica da pedreira de forma a provocar efeitos variados conforme os ângulos de visão. No exercício de criar a maquete, os vários planos sobrepostos deram origem a um efeito inesperado, que foi cuidadosamente retrabalhado até atingir o produto final.

Para complementar a obra, uma famosa frase do próprio dr. Ulysses Guimarães foi escolhida pelo arquiteto e grafitada na pedra: "Não viemos aqui para ter medo".

Essa citação remete à postura combativa e irreverente do deputado, que teria dito isso aos policiais quando forçou a entrada no presídio político de Salvador, em plena ditadura.

Sem encontrar uma empresa de grande porte disposta a assumir o desafio, Fábio encarou pessoalmente a execução do projeto, com o auxílio de um projetista de Campinas e de um serralheiro. Um barracão foi montado no próprio local, onde a imagem foi projetada na parede, o desenho passou para modelos em cartão em tamanho real e, a partir desses moldes, as chapas de aço foram cortadas e montadas como um quebra-cabeça — uma tarefa inusitada, jamais realizada naquele formato. A cada dia, surgiam novos elementos, como um nariz ou um pescoço, e os operários chegavam a duvidar que, ao final, aquilo se materializaria na escultura imaginada.

Um novo desafio surgiu: fixar aquelas enormes peças na escarpa de rocha. Para isso, foram contatadas equipes especializadas em

32. Orlando Brito, foi repórter fotográfico e editor e marcou sua carreira registrando figuras políticas e culturais, bem como cidadãos comuns, indígenas e esportistas. Durante sua trajetória, que o levou a viajar por mais de 60 países e acompanhar copas do mundo e jogos olímpicos, Brito se destacou nas principais publicações do país. Em 1979, enquanto atuava no jornal *O Globo*, tornou-se o primeiro brasileiro a ser premiado com o prestigiado World Press Photo Prize do Museu Van Gogh, de Amsterdã, na categoria Sequências, com a série fotográfica *Uma missão fatal*. Vencedor 11 vezes do Prêmio Abril de Fotografia — onde chegou a ser considerado "*hors concours*" —, ele publicou seis livros, entre eles *Poder, glória e solidão*, que retrata episódios e personalidades da história política do Brasil. Orlando Brito faleceu em 2022, aos 72 anos, em Brasília, em decorrência de complicações após uma cirurgia de intestino.

instalações elétricas de túneis, que demonstraram capacidade para fixar com precisão um conjunto de pinos na parede de pedra e, em seguida, unir essas ancoragens às peças de aço. Todo o processo ocorreu sob a orientação de L.A. Falcão Bauer, considerado um dos maiores peritos em cálculo estrutural do Brasil.

Dois meses após o início dos trabalhos, a homenagem a Ulysses Guimarães estava concluída. O monumento não só simboliza a memória de um dos grandes nomes da história política brasileira, como também reafirma o compromisso de Fábio Penteado em transformar espaços urbanos em locais de encontro e celebração da cidadania.

PARQUE METROPOLITANO DE CAMPINAS

O monumento inspirou outro projeto: o do Parque Metropolitano de Campinas, que Fábio imaginou implantar na área contígua à pedreira, mas que faz divisa com uma fazenda do Exército — doada pelo governo de São Paulo há muito tempo, onde hoje funciona uma escola de cadetes e que abrange quase 500 alqueires.

Segundo Fábio, o Exército estaria disposto a se desfazer da área, o que tornaria possível desenvolver ali uma ocupação que conciliasse empreendimentos imobiliários de mercado com a criação de um grande parque. Essa iniciativa poderia ser realizada por meio de uma parceria entre uma grande empreiteira e o poder público, que ficaria responsável por fixar as diretrizes básicas de ocupação.

Além disso, a área do Exército faz divisa com outra fazenda, a Fazenda Santa Elisa, pertencente à Secretaria da Agricultura, que possui 300 alqueires. Essa proximidade possibilitaria a criação de um parque metropolitano, intermunicipal, acessível tanto pela via Anhanguera quanto pela via Dom Pedro, estando, no seu ponto mais próximo, a apenas 2.500 metros do centro de Campinas.

Quanto à utilização do parque, foi sugerido que ele teria um uso esportivo intenso, relembrando os campos de várzea que marcaram a juventude de muitos. Fábio Penteado destacou: "De certo modo, o esporte é um espaço de cidadania, em última instância".

Todo o projeto de paisagismo se apoiaria na repetição de campos esportivos, similares aos que ele frequentou entre os 13 e os 16 anos, servindo como um importante elemento de integração e cidadania.

Esse parque, infelizmente, também ficou no papel.

URBANIZAÇÕES E RENOVAÇÕES

- Loteamento Fazenda Vila Brandina (plano urbanístico), Campinas, 1972.
- Parque Prado (Chácara Eglantina, loteamento residencial), Campinas, 1994

Fábio projetou diversos empreendimentos urbanos dentro das regras do mercado — e em todos eles, tentou demarcar a necessidade de garantir áreas verdes e um crescimento ordenado.

O projeto de loteamento desenvolvido para a Federação das Entidades Assistenciais de Campinas (Feac) em 1972 teve como ponto de partida a Fazenda da Vila Brandina, uma área de 184 alqueires cortada pela rodovia Dom Pedro I. Na época, só havia na região um condomínio residencial sofisticado.

Embora fosse um negócio imobiliário de longo prazo, Fábio tratou o projeto como um estudo de planejamento urbano. A proposta se baseava na análise dos planos da Prefeitura, em pesquisas de mercado e levantamentos detalhados para antecipar as direções do crescimento da cidade. O objetivo era criar um plano urbanístico integrado que atendesse às necessidades de Campinas e garantisse a valorização da Feac.

A equipe seguiu três diretrizes fundamentais: promover o desenvolvimento autossustentável para viabilizar economicamente o projeto; atuar em parceria com o poder público, antecipando soluções técnicas para facilitar aprovações burocráticas;

e interpretar a legislação de maneira inovadora, beneficiando o meio ambiente e a comunidade. Um exemplo disso foi a unificação das áreas verdes e institucionais exigidas por lei, transformando-as em um parque público para moradores e população em geral.

A primeira fase previa a ocupação de metade da área total, com a construção de um shopping center, planejado para ser o maior do Brasil na época. Esperava-se que esse centro comercial impulsionasse a valorização da região, atraindo edifícios corporativos, hotéis, restaurantes e, posteriormente, empreendimentos residenciais. Apesar de parte do projeto ter sido implementada, o desenvolvimento da área ocorreu de forma mais lenta do que o previsto.

Em 1978, em parceria com Teru Tamaki e José Borelli Neto, Fábio desenvolveu o projeto do parque Faber, em São Carlos, interior de São Paulo — a família era sócia da fábrica de lápis Faber-Castell e a empresa resolveu urbanizar e comercializar suas áreas de reflorestamento em São Carlos, SP. O terreno, estrategicamente localizado no campo de expansão da cidade, foi tratado como um plano urbanístico integrado em vez de um simples loteamento convencional.

A área total de 6,2 milhões de metros quadrados foi dividida em duas glebas separadas pelo centro histórico da cidade. A maior, de 4 milhões de metros quadrados, situava-se junto ao Distrito Industrial Nova São Carlos, enquanto a segunda, o Parque Faber, com 2,2 milhões de metros quadrados, destinava-se a edifícios residenciais, serviços e comércio. Entre as iniciativas implantadas, destacam-se os primeiros condomínios habitacionais e um shopping center, planejado pelas empresas Sobloco e La Fonte. A proposta garantiu a valorização da área e a integração harmoniosa com o crescimento urbano da cidade. Parte do projeto foi implementada, mas, assim como em outros empreendimentos do período, a ocupação ocorreu de forma gradual, exigindo revisões para se adaptar às novas demandas urbanas.

No ano seguinte, 1979, Fábio e sua equipe ensaiaram outro projeto inovador que buscava transformar uma área da antiga Companhia Mogiana, desativada em 1971 e localizada a apenas 500 metros do centro histórico de Campinas, erguendo 15 prédios de apartamentos.

Foto aérea de local da fazenda de implantação do projeto Parque Prado, 1986.

Os edifícios seriam dispostos em pares e interligados por um sistema de circulação que incluía elevadores e escadas, garantindo ventilação e iluminação natural para todas as unidades.

Uma solução inovadora de desníveis entre as lajes foi adotada para facilitar a circulação nas áreas comuns sem comprometer a privacidade dos moradores. Os corredores de acesso foram rebaixados em 90 centímetros em relação ao nível dos apartamentos, transformando-se em passeios abertos, com bancos e vegetação, proporcionando um ambiente mais agradável e integrado ao espaço urbano. O projeto não foi realizado. Em 2021, foi anunciado um empreendimento para o mesmo local com área de hotelaria, com três edificações de 24 andares; cinco prédios residenciais de 20 andares; mais quatro blocos de edifícios com oito andares e centro de negócios e escritórios. Um shopping e áreas de convívio social também estão previstos. Ao todo, o complexo deveria totalizar 103,8 mil metros quadrados de área construída.[33]

•

Durante décadas, as grandes metrópoles brasileiras assistiram passivas à multiplicação dos loteamentos clandestinos, uma espúria parceria entre a ganância privada e a incompetência pública. Vendendo lotes sem infraestrutura a migrantes mal remunerados em busca de um pedaço de terra na cidade, esses empreendimentos nascidos sob o signo do improviso deixaram um saldo terrível para o poder público, forçado a levar água, esgotos, escolas, postos de saúde e transportes coletivo a áreas cada vez mais distantes da região central.

Afinal, o Congresso Nacional resolveu interferir nesse processo e aprovou uma lei que condiciona a aprovação de novos loteamentos ao compromisso de neles instalar água, esgotos e outros benefícios

33. Recentemente, em 24 de março de 2025, o prefeito de Campinas, Dário Saadi, recebeu da PUC um projeto que pretende transformar os antigos galpões ferroviários em um moderno Hub de Inovação. Os edifícios históricos foram projetados para serem restaurados e adaptados para abrigar escritórios de alta tecnologia, startups e empresas de inovação, além de espaços com finalidades culturais e sociais. A área total de intervenção apresentada foi de quase 42.000 metros quadrados, sendo 23.150 metros quadrados destinados à inovação, 11.000 metros quadrados para empresas e 8.000 metros quadrados para startups.

no prazo máximo de dois anos.[34] A ideia, bem-intencionada, pode ter sido um argumento a mais para os fiscais, mas condenou as grandes áreas de uso rural, envolvidas pela malha urbana, à paralisação ou à ocupação clandestina.

Isso permitiu que se resolvesse o problema de uma antiga fazenda de café de 60 alqueires, a Chácara Eglantina, a menos de três mil metros do centro de Campinas. Cercada por bairros populares, a Chácara tinha se transformado em um transtorno, inviabilizando qualquer solução para o sistema viário da região.

Contratado para desenvolver o projeto, Fábio Penteado preservou a parte de mata existente na fazenda como um parque público. Em contrapartida, a empresa ganhou o direito, assegurado na legislação de Campinas, de estabelecer um plano de desenvolvimento urbano que previa prédios de apartamentos. A cada metro quadrado de chão, pode-se construir um metro de edificação. O que garantiu ali uma grande área verde com edifícios espalhados por sua extensão.

Técnicos especializados fizeram um levantamento de toda a área, onde ainda resiste grande parte dos espécimes vegetais que compunham a mata original da região. Uma antiga cocheira e algumas casas de antigos colonos chegaram a ser reservados para um museu de botânica, uma escola e uma pequena biblioteca.

Os apartamentos do conjunto têm 76 metros quadrados de área construída. São três dormitórios com duas vagas de estacionamento, piscinas e quadras poliesportivas. O custo previsto de cada apartamento a ser construído pela Andrade Gutierrez ficava em torno de 40 mil e 50 mil dólares. O preço final deveria manter as prestações em aproximadamente 300 dólares. O financiamento era do SFH (Sistema Financeiro de Habitação).

---

34. A Lei Federal nº 6.766, de 19 de dezembro de 1979, dispõe sobre o parcelamento do solo urbano no Brasil e estabelece critérios para a criação de loteamentos e desmembramentos. Um de seus principais dispositivos determina que a aprovação de novos loteamentos está condicionada à garantia de implantação da infraestrutura básica — como abastecimento de água potável, rede de esgoto sanitário, drenagem pluvial, energia elétrica pública e vias de circulação. Conforme o artigo 18, inciso V, o empreendedor deve apresentar, no momento da aprovação, um cronograma com duração máxima de dois anos para a execução dessas obras, acompanhado de instrumento de garantia (como caução, seguro ou fiança bancária). O objetivo é assegurar que o loteamento esteja devidamente equipado antes de sua ocupação efetiva, evitando a urbanização precária e o surgimento de áreas sem serviços públicos essenciais.

"Cada lote de quatro apartamentos vai ser construído em um terreno de 14 mil metros quadrados, o que garante muita área verde e espaços abertos", disse Fábio a Rubens Linhares, da *Folha ABCD* em reportagem publicada em 11 de abril de 1994.

O conjunto inclui um parque de mata nativa de 300 mil metros quadrados, doado por Veridiana Prado, dona do terreno que era a fazenda da família tradicional — Veridiana era descendente de uma mulher que marcou a sociedade paulistana.[35]

O Parque Prado é atualmente um dos bairros mais valorizados de Campinas. Depois de ficar dez anos sem lançamentos imobiliários, o bairro acolhe agora um novo empreendimento, o Reserva Prado, bem diferente do projeto de Fábio. Um publieditorial do *G1*, baseado em material de divulgação da incorporadora, apresenta os detalhes das duas torres de apartamentos de 124 e 142 metros quadrados, com 2 ou 3 suítes, persianas automatizadas, janelas com controle remoto, área de serviço separada da cozinha, varanda com churrasqueira a carvão e gerador com tomada wi-fi. A nota registra ainda que todos os apartamentos incluem porcelanato nas áreas sociais, piso vinílico nas suítes, box de vidro e nicho embutido nos banheiros, além de fechadura biométrica nas portas de entrada. Cada unidade conta com 2 ou 3 vagas de garagem, depósito, ponto para carro elétrico com medição individual e uma fazenda de energia solar. O condomínio dispõe de piscina, *pet place*, academia voltada a *spinning*, funcional e pilates, e quadra de *beach tennis*.

---

35. Veridiana Valéria da Silva Prado (São Paulo, 11 de fevereiro de 1825-São Paulo, 11 de junho de 1910) foi uma aristocrata, dona de terras e mulher de destaque na alta sociedade paulista. Administrou as fazendas da influente Família Prado — envolvida no comércio de escravos, açúcar e posteriormente no café —, e comandou, em sua Chácara Vila Maria, um dos salões culturais mais importantes do século XIX. Recebeu intelectuais, artistas, cientistas, estadistas e membros da realeza como D. Pedro II e a princesa Isabel, contribuindo ativamente para a vida social, política e cultural de São Paulo. Notabilizou-se ainda por promover a agricultura, os esportes e as artes, e por obras de beneficência, doando parte de suas propriedades ao poder público. Veridiana teve seis filhos, entre eles o ministro e prefeito de São Paulo Antônio da Silva Prado, e Eduardo Prado, fundador da Academia Brasileira de Letras. O palacete que construiu — hoje tombado pelo CONDEPHAAT — tornou-se marco de formação do bairro de Higienópolis, e uma de suas principais vias, a atual rua Dona Veridiana, homenageia seu nome. Ela faleceu em 1910, deixando significativo legado filantrópico e cultural.

JAPÃO

● Pavilhão Oficial do Brasil, Osaka – Japão, 1970. ● Expo Tóquio – Japão, 1989

Em 1970, o concurso para o Pavilhão Oficial do Brasil na Exposição Mundial de Osaka, no Japão, teve como vencedores Paulo Mendes da Rocha, Ruy Ohtake, Jorge Caron e Julio Katinsky. Fábio participou com uma proposta que remetia às linhas da Capela da Santa Casa e do Monumento à Justiça no Fórum de São Paulo.

O conceito previa uma estrutura desmontável e provisória, resolvida com coberturas metálicas. A viga central, com cerca de 90 metros de perfil e 3 metros de altura, tinha extremidades encurvadas e continha em seu interior equipamentos e operadores de luz, som e imagem para projeções especiais. A área interna das exposições era definida pela projeção dos elementos leves de cobertura, apoiados na viga central. Fora das áreas cobertas pelos painéis metálicos, o fechamento era feito por uma caixilharia metálica contendo vidros e painéis de lonas coloridas.

●

Em 1989, Fábio Penteado e Ciro Pirondi coordenaram uma equipe de estudantes de arquitetura para um concurso internacional em Tóquio. O projeto buscava destacar a relevância histórica do Japão no final do século XX. Segundo o arquiteto César Sampedro, a intenção era marcar a paisagem da cidade com o mesmo impacto que a Torre Eiffel teve no final do século XIX em Paris.

As dificuldades na montagem da proposta impediram a conclusão do trabalho dentro do prazo estipulado pelo concurso. No entanto, a equipe decidiu continuar desenvolvendo as ideias centrais do projeto, influenciada pelas ilustrações do arquiteto Vallandro Keating.

O projeto foi concebido para um terreno irregular de 30 mil metros quadrados, localizado a 300 metros dos jardins do Palácio Imperial. O espaço era tratado como uma ampla praça, com áreas abertas e ajardinadas, destacadas por duas elevações em forma de calotas que cobriam os auditórios e uma grande abertura para iluminação natural do subsolo.

Desenho de perspectiva interna para o concurso internacional do Pavilhão de Osaka no Japão, 1970; por Luiz A. Vallandro Keating.

Para os visitantes, a sensação ao caminhar pela praça seria similar à travessia por um bosque, com troncos de concreto sustentando grandes copas translúcidas de aço e vidro. O interior das esferas remetia a uma nave espacial, mas também fazia referência às tradicionais lanternas japonesas de bambu e papel de arroz.

CENTRO DE CONVIVÊNCIA DE CAMPINAS

● Centro de Convivência Cultural de Campinas, Campinas, 1967

O Centro de Convivência de Campinas nasceu em função do prêmio dado ao Teatro de Ópera em Praga, que nunca seria construído. A notícia repercutiu: um jornal local chegou a dar manchete na linha de "o que é bom para o mundo não é bom para Campinas". O prefeito Ruy Novaes, que havia demolido o Teatro Municipal e realizado o malsucedido concurso do Teatro de Ópera, procurou Fábio Penteado com uma proposta nova: construir um teatro de comédia para 500 lugares em um espaço pequeno que a prefeitura possuía no centro da cidade.

Era um terreno curioso: seis mil metros quadrados junto à avenida Júlio de Mesquita, uma das mais importantes de Campinas. Bem em frente, encontrava-se a Praça Imprensa Fluminense. A primeira reação de Fábio foi de recusa — ele achava absurdo construir um teatro ali, pois, fosse qual fosse a forma, o objeto ocuparia praticamente todo o espaço, deixando apenas algumas calçadas em volta. Isso representaria um retrocesso para quem havia projetado o Teatro de Piracicaba.

Fábio decidiu retomar o mesmo conceito utilizado em Piracicaba e propôs que o traçado da avenida fosse alterado de modo a permitir a junção dos seis mil metros com a praça que ficava do outro lado da pista dupla. Com isso, Campinas ganharia uma praça de 40 mil metros quadrados, um marco para uma cidade de cerca de 300 mil habitantes. Parecia um ato de loucura. O prefeito ficou preocupado, mas acabou aceitando a ideia.

Perspectiva interna Centro de Convivência de Campinas, 1967; desenho por Luiz A. Vallandro Keating.

Vale registrar que 1967 foi um ano de grande agitação política e de reação contra a ditadura militar que havia tomado o poder no país três anos antes e reprimia qualquer tipo de manifestação pública. Projetar uma praça desenhada para o encontro de multidões era uma maneira de participar de algum modo desse processo.

O projeto não nasceu, portanto, como resultado da busca por um desenho, mas da necessidade de criar um espaço de encontro. No memorial, Fábio Penteado escreveu uma frase que explicitava essa intenção: "Muitas vezes, o espaço que se abre para o encontro das pessoas, para o contato com as coisas da cultura e do teatro, é muito mais importante do que o desenho do edifício que possa produzir o teatro e a cultura".

Antes de desenvolver o projeto, Fábio fez questão de consultar o Instituto de Arquitetos para ter certeza de que não havia nenhum problema ético em projetar um teatro, já que existia outro projeto — o do Teatro de Ópera, vencedor de um concurso, que não havia sido executado. A resposta do IAB foi clara: desde que a prefeitura reconhecesse que o novo projeto nada tinha a ver com o anterior e garantisse o direito de construção do Teatro de Ópera, estava tudo bem.

Mas ainda era preciso construir o espaço com esse objetivo. O fato de o projeto do Teatro de Ópera ter sido reconhecido mundialmente — ainda que desqualificado em Campinas — ajudava, mas ainda assim parecia uma loucura mudar o traçado de uma das avenidas mais importantes da cidade. Foi necessário retirar a linha de bonde, alterar a mais importante adutora de água e uma das maiores linhas de distribuição de energia elétrica. A imprensa local — a mesma que antes exaltava o arquiteto campineiro reconhecido internacionalmente — passou a chamá-lo de "terrorista cultural".

O projeto foi desenvolvido por Fábio Penteado, Alfredo Paesani, Teru Tamaki e teve assessoria de Aldo Calvo. Foi a primeira praça aberta em Campinas em mais de um século.

A flexibilidade dos espaços foi entendida como a condição básica para o sucesso da proposta, permitindo que o mesmo ambiente comportasse atividades infantis pela manhã, shows de jazz ao almoço e concertos musicais à noite. Para o melhor aproveitamento da área disponível, os blocos foram dispostos na periferia do terreno, transformando a área central em um grande palco de arena, cujas arquibancadas — formadas pelos degraus da cobertura dos blocos — têm capacidade para cerca de seis mil pessoas, atendendo inclusive a manifestações cívicas.

Uma grande praça circular, contornada pela avenida como uma rotatória, equacionou facilmente a questão do trânsito de automóveis. Adequar o espaço cultural e de lazer ao fluxo de pedestres constituiu-se no maior desafio. A solução encontrada foi quebrar a estrutura teatral, fragmentando o edifício em quatro blocos menores — teatro, foyer, área de exposições e bar-restaurante — interligados por uma galeria que funcionaria como uma calçada coberta, permitindo aos pedestres cortar caminho por meio de exposições, concertos e apresentações.

Para tanto, as funções do teatro convencional foram, digamos assim, esquartejadas. O foyer tradicional foi substituído por uma galeria circular, subterrânea, a meio piso da praça, que, por um ligeiro declive, interliga os outros blocos separados. Essa galeria permite um uso permanente para um espaço que, nos teatros convencionais, só é utilizado nos breves momentos que separam a entrada do início do espetáculo e, depois, entre os aplausos finais e a saída do último espectador.

O conceito de fragmentação em blocos interligados por uma galeria buscava atingir o cidadão comum. Ao atravessar o espaço, a ideia era que ele se deparasse com surpresas culturais — como, por exemplo, um grupo de meninas ensaiando balé nas arquibancadas —, algo capaz de transformar sua vivência e provocar um impacto, como costuma ocorrer com as manifestações artísticas.

Com o tempo, a cidade assimilou esse conceito. Durante o período de retomada da democracia, os sindicatos passaram a utilizar o espaço para suas principais assembleias e manifestações, culminando na assinatura de um decreto que eliminou a necessidade de autorizações para manifestações políticas naquele local. Essa retomada da ideia lançada no Teatro de Piracicaba da negação do teatro clássico, fechado e elitista, permaneceu como uma espinha dorsal da proposta original.

No Centro de Convivência, ao caminhar por esse foyer/galeria, chega-se à sala de espetáculos, a um bar voltado para a praça e a um espaço com pé-direito mais alto, destinado à exposição de objetos

Desenho de perspectiva do Centro de Convivência Cultural de Campinas, 1967; por Luiz A. Vallandro Keating.

de grandes dimensões. Os quatro blocos resultantes dessa dissecação do teatro se reúnem em um círculo que desenha uma praça para seis mil pessoas. Nas arquibancadas construídas nas costas da sala de espetáculo, pode-se ler, descansar, namorar, assistir a espetáculos ao ar livre e participar de manifestações.

A composição arquitetônica é completada por uma torre de 25 metros de altura, equipada com dispositivos para abrigar equipamentos de apoio para espetáculos ao ar livre. No topo, uma lâmpada com capacidade de reproduzir a luz do dia possibilita a promoção de eventos em qualquer horário — tanto durante o dia quanto à noite. Além disso, essa torre conta com dispositivos instalados em várias alturas, garantindo a flexibilidade e eficiência necessárias para eventos de diferentes dimensões. Quando foi construído, a lâmpada só era fabricada no Leste europeu.

O projeto, originalmente detalhado em 600 pranchas — abrangendo arquitetura, estrutura, instalações, cronograma e organização da obra pela firma L.A. Falcão Bauer — enfrentou inúmeros percalços durante sua execução. Por questões políticas, as obras foram interrompidas quando já haviam sido realizados mais de 50% dos trabalhos e só foram retomadas sete anos depois. Nesse ínterim, a estrutura foi comprometida pelo abandono, e o próprio projeto, inadequado para a dinâmica urbana alterada, passou por intervenções que utilizaram materiais e acabamentos incompatíveis com a proposta original — como a utilização de lustres de cristal falso para recriar ambientes dos clássicos teatros e gradis de proteção que, até hoje, não foram instalados.

Embora tenha (ou justamente por ter) um sentido coletivista, o projeto não foi bem recebido em Moscou no tempo da União Soviética. Em 1968, Fábio Penteado esteve em Moscou com um grupo da ONU e apresentou o projeto para o vice-ministro da Cultura. Explicou, explicou, explicou, mas percebeu que o soviético fazia uma cara cada vez mais feia. Perguntou à tradutora se não estava entendendo e ficou surpreso com a resposta:

— Entendendo ele está: mas não está gostando...

Fábio nunca esqueceu a reação do dirigente soviético:

> Quase fui expulso da sala. Era como se eu estivesse desrespeitando as tradições do teatro com aquele projeto, por mais que eu tentasse expor a ele que, no Brasil, a maior parte das pessoas nunca foi a um teatro e que tínhamos uma condição diferente da Europa. O vice-ministro pensava exatamente como a nossa elite mais reacionária. Como se o teatro fosse uma espécie de templo sempre fechado, só aberto na hora do espetáculo com pompas.

Num país mais previsível, um projeto como esse poderia ser utilizado durante séculos. Porém, em menos de 30 anos, Campinas triplicou sua população. Na área próxima à praça, foram construídos prédios enormes, desrespeitando o limite de altura proposto no projeto, e a avenida que circunda o Centro de Convivência passou a ter um tráfego pesado, barulhento e poluidor.

Inaugurado em 9 de setembro de 1976, o Centro de Convivência permaneceu em operação até ser interditado em 14 de dezembro de 2011, devido a problemas estruturais crônicos. Em início de 2012, o espaço reabriu parcialmente para a Campanha de Popularização do Teatro.

A primeira etapa da reforma, que previa a recuperação estrutural do imóvel, foi concluída em novembro de 2023, com um investimento de 23,5 milhões de reais, abrangendo reformas na alvenaria, áreas de ensaio, camarins, acessibilidade, drenagem e impermeabilização do Teatro de Arena. A segunda fase incluiu modernizações em luminotécnica, acústica, áudio e vídeo, entre outras instalações, e foi entregue em julho de 2025. A inauguração ainda estava para acontecer quando este livro foi impresso.

Esse empreendimento, que sempre foi um importante símbolo cultural e de memória para os campineiros, promete recuperar um espaço que já foi palco de grandes manifestações e eventos históricos na cidade, reiterando a visão de Fábio Penteado de que, muitas vezes, o espaço destinado ao encontro e à cultura é mais significativo do que o próprio edifício que o abriga.

PACAEMBU COMO ESPAÇO CULTURAL — UMA ANTEVISÃO

• Proposta para o estádio do Pacaembu, São Paulo, 1989

Em algumas ocasiões, Fábio dispensava até o incentivo de um cliente ou de um concurso para deixar sua criatividade fluir. Ele era capaz de conceber ideias visionárias que transcendiam as limitações dos projetos convencionais, desde que houvesse um estímulo concreto. Um bom exemplo desse ímpeto criativo foi a reportagem "O Pacaembu pode ser mais que um estádio", publicada pelo *Jornal da Tarde*, em 11 de dezembro de 1982. Na conversa com as repórteres Rosa Bastos e Maria Amélia Rocha Barros, ele propôs uma ousada transformação do Estádio do Pacaembu em um vibrante centro de convivência cultural.

Essa visão, no entanto, não surgiu do nada. Ela era resultado de um processo de amadurecimento de suas ideias, desde seus primeiros projetos na área cultural. Inicialmente, ele projetou o Teatro de Piracicaba, buscando romper com o modelo tradicional de um edifício neoclássico fechado em si mesmo. Em seguida, para o concurso do Teatro de Ópera de Campinas, retomou o conceito numa escala maior — o prédio transbordando para o espaço exterior e transformando limitações como o pé direito enorme definido pelo urdimento em vantagem. Por fim, ao projetar o Centro de Convivência de Campinas, consolidou sua crença de que o encontro é mais importante que o próprio edifício. Ou como diz o arquiteto Ivo Giroto:

> A oscilação humana entre o ser individual e o ser social, atesta sua posição dialética e denota a riqueza da personalidade, confirmando a importância de uma arquitetura que propõe espaços humanamente valorizados, não redutíveis a uma função. Não se pretende concluir aqui que todas as obras e projetos de Fábio Penteado possuem a capacidade de abrigar a multidão numericamente, fato improvável dentro das limitações e da especificidade dos encargos arquitetônicos, mas sim afirmar que sua arquitetura busca atender ao

> ser multitudinário individualmente, esteja ele sozinho ou em grupo. O olhar do arquiteto se dirige ao "homem comum", típico componente da massa, e busca transformar seu caráter estatístico em atuação cidadã.[36]

O conceito se repete até na proposta para um equipamento que parece ser construído para a massa anônima e igualitária — um estádio de futebol. Em 1970, a Federação Paranaense de Futebol e o IAB lançaram o concurso para o Estádio de Futebol do Paraná — o Pinheirão. O programa exigia 123.700 metros quadrados e 120 mil lugares, atraiu 16 equipes e premiou cinco projetos. Penteado apresentou um projeto ousado de "estádio-jardim": arquibancadas moldadas em taludes, quatro rampas de 6%, anel comercial-educacional de 17 mil metros quadrados, estacionamento modular e um parque de 390 mil metros quadrados após a canalização de um córrego. Defendia que levar o torcedor a até 40 metros de altura gerava insegurança e propunha "eliminar a ideia do edifício", criando uma praça ajardinada. O júri preferiu uma solução elíptica mais compacta, e o trabalho de Penteado ficou sem prêmio — mas suas ideias anteciparam discussões sobre segurança, uso cotidiano e integração urbana que só voltariam com força décadas depois.

No outro *corner*, para usar um termo futebolístico (ou pelo menos esportivo) está a proposta de Fábio para o Pacaembu. Ainda que mero exercício de idealização, provocado por um encontro com duas repórteres, representava a síntese dessas experiências. Partia de uma questão de escala, como em outros projetos. Para Fábio, não fazia sentido pensar num teatro tradicional, fechado para uma cidade que deveria ter muitos milhões de habitantes — ele chegou a falar em 40 milhões. Uma previsão que a redução da curva demográfica acabou por desfazer.

A outra vantagem seria em termos de eficácia: "Seriam mais alguns bilhões de horas/uso em cada novo local, que pode adequar outras áreas com a mesma finalidade".

Ele vislumbrava um espaço amplo, bem localizado e equipado que pudesse ser utilizado para diversas funções, desde eventos esportivos até shows e exposições. Em vez de um estádio que se ilumina apenas

---

36. Giroto, Ivo Renato, "Exercícios de liberdade Cotidiano e transformação humana na obra de Fábio Penteado". *Vitrivius*, ano 11, jul. 2010.

em dias de jogo e permanece na escuridão no restante do tempo, imaginava um centro cultural pulsante, onde a praça, os parques, as piscinas e as áreas verdes seriam utilizados de mil e uma formas diferentes.

A reportagem deu alguns detalhes de como se daria tal transformação. Fábio sugeria a criação de um auditório no parque atrás do estádio, que poderia abrigar concertos de orquestra, shows de dança moderna e outros eventos culturais. A cobertura do estádio permitiria a realização de eventos esportivos e culturais em qualquer clima, além de criar um ambiente mais intimista para apresentações musicais ou de balé.

Fábio também desmistificou a complexidade técnica da cobertura: "Pode parecer futurológica mas é perfeitamente exequível. [...] Não há mistério. Temos arquitetos competentes, tecnologia desenvolvida — principalmente alemã — e essa solução é a mais viável".

Para ele, a cultura não deveria ser vista como algo excepcional na vida das pessoas, mas sim como parte integrante do cotidiano. Ele acreditava que o mesmo local que serve de ponto de encontro e convivência também pode servir à cultura. E, nesse sentido, o Pacaembu, com sua localização privilegiada e sua infraestrutura já existente, poderia se tornar um catalisador cultural para a cidade de São Paulo.

Recorro ao próprio Fábio para resumir a história, com um texto que ele escreveu por volta de 1978:

> Vinte e cinco anos passados e entre muitas dezenas de projetos realizados que senão por outros méritos têm garantido a sobrevivência de meu escritório, creio que, em alguns momentos me tenha sido possível colocar em discussão prática aquelas ideias que mais movimentavam as minhas primeiras preocupações.
>
> Estão em alguns poucos projetos que tentam interpretar o sentimento de uma participação plena e coletiva, mas não sei se conseguem representar alguma contribuição, pois não foram suficientemente aferidos, nem foram solicitados para tal finalidade — então prefiro vê-los como meros ensaios para uma festa, que quando acontecer, eu gostarei muito de ser convidado.

CRONOLOGIA 1929-2011

Esta cronologia apresenta os principais marcos da trajetória de Fábio Penteado, destacando sua atuação como estudante, arquiteto, jornalista, professor e dirigente de classe.

1929

Em 3 de junho, em Campinas, nasce Fábio Moura Penteado.

1935-39

Estuda na Escola Ofélia Fonseca, São Paulo.

1940-48

Estuda no Instituto Mackenzie, São Paulo.

1948-49

Serve na Força Aérea Brasileira.

1948-53

Estuda na Faculdade de Arquitetura e Urbanismo da Universidade Mackenzie, São Paulo, sob a orientação de Eliziário Bahiana. Obtém o diploma de arquiteto em 1953.

1950

Residência Domingos Solha em Souzas, Campinas — projeto desenvolvido ainda no primeiro ano de faculdade.

1951

Edifício residencial para Arnaldo Barbosa, na rua Itacolomi São Paulo.

1953

Inicia sua prática privada em São Paulo.

1954

Estações de tratamento de água de São Bernardo, São Caetano e Santo André, com Ringo Kubota.

Primeiro colocado no concurso Governo do estado para estação de tratamento de água em São Bernardo do Campo, com Ringo Kubota e Stipan Milicic, utilizando uma maquete inovadora com chapas de cimento amianto.

Edifício residencial Carlos Whately, São Paulo.

1955

Primeiro colocado nos concursos para o Banco do Estado e para o Clube Campineiro, Campinas.

1956

Estação de tratamento de água Campinas II, com Alfredo Paesani.

Recebe, com outros colegas, o 2° lugar no Prêmio Esso de Reportagem por "Brasília nasce sob o signo das cores", revista Visão.

Torna-se editor responsável pela coluna de Arquitetura e Urbanismo da revista Visão (até 1962).

O edifício residencial Alameda Franca, projetado com Stipan Milicic, é premiado no III Salão Paulista de Arte Moderna.

1958

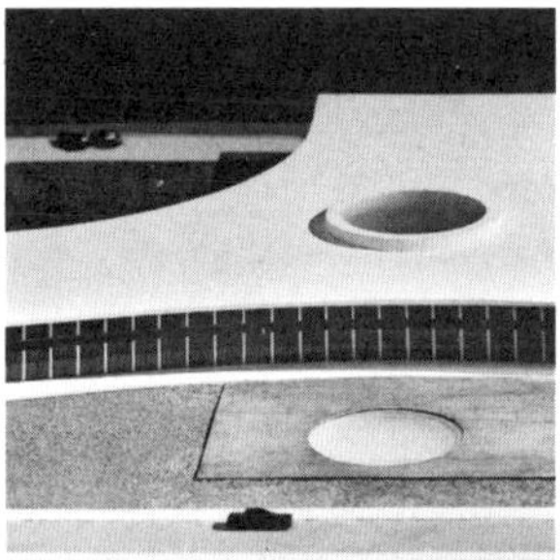

Quinto colocado no concurso para o Paço Municipal de Campinas, com Alfredo Paesani, Luiz Forte Neto e José Maria Gandolfi.

Projeto do Hotel Praia do Peró, Cabo Frio, com Ringo Kubota e paisagismo de Rosa G. Kliass.

Primeiro colocado no concurso para a sede da Sociedade Harmonia de Tênis, em São Paulo.

Coordena a edição do Catálogo brasileiro da construção.

Participa da comissão técnica para a implantação do sistema metropolitano em São Paulo.

1959

Edifício residencial Rua Dona Veridiana, São Paulo, com Milton Nogueira de Sá.

Membro da Comissão de Transporte Subterrâneo, São Paulo.

Diretor para assuntos internacionais do IAB (até 1959).

1960

Grupo Escolar Vila Stanislau, Campinas, com José Ribeiro.

Escola Técnica de Química Conselheiro Antônio Prado, Campinas, com Aldo Zappelini.

Centro de Abastecimento de Autopeças, São Paulo, com José Ribeiro.

Segundo-tesoureiro do Conselho Diretor da Direção Nacional do IAB.

Fórum de Araras, Araras, com José Ribeiro. Posteriormente, o projeto foi adaptado para abrigar a Câmara Municipal da cidade.

Membro do júri de seleção e premiação do XI Salão de Arte Moderna, São Paulo.

1961

Unidade Sanitária de Barretos, com José Ribeiro.

Museu do Café, Campinas, com José Ribeiro.

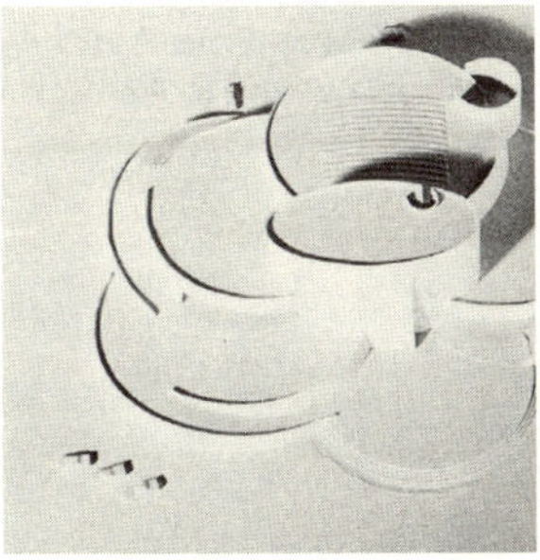

Teatro Municipal de Piracicaba, com José Ribeiro.

Organizador e diretor do programa "Arquitetos na TV", exibido pela TV Excelsior, São Paulo (até 1962).

1962

Instituto de Eletrotécnica e Energia da Universidade de São Paulo, com Stipan Milicic e José Ribeiro.

Segundo colocado no concurso para a sede do clube de campo do Jockey Clube de São Paulo, Campinas, com Ubyrajara Gilioli, Tito Lívio Frascino, José Carlos Ribeiro de Almeida, Vasco de Mello e Noêmio Xavier da Silveira Filho.

Vice-presidente do Conselho Diretor do IAB.

Professor da cadeira de Desenho Artístico da Faculdade de Arquitetura e Urbanismo (FAU) do Mackenzie, ministrando a disciplina "Teoria da Criatividade" (até 1964).

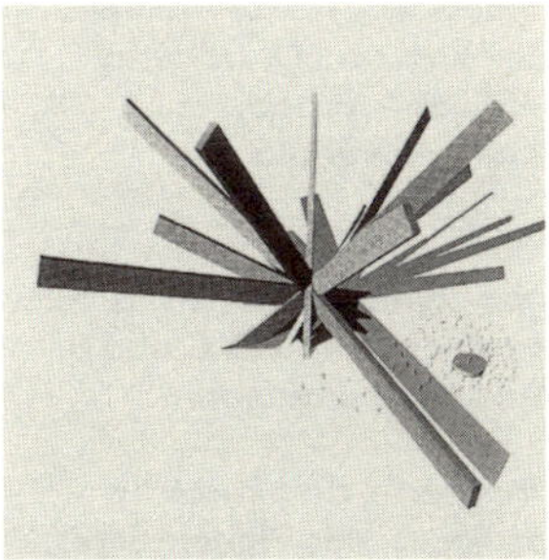

Segundo colocado no concurso internacional para o Monumento de Playa Girón, Cuba, com Ubyrajara Gilioli, José Ribeiro, Tito Lívio Frascino, Vasco de Mello e José Carlos Ribeiro de Almeida. Projeto selecionado como vencedor por Fidel Castro.

1963

Residência Sondeyker, Jardim Marajoara, São Paulo, com Alfredo Paesani e Teru Tamaki.

Conjunto habitacional Bairro do Limão, São Paulo, com José Ribeiro e Roberto Loeb.

Cidade dos Doqueiros, Santos, com José Ribeiro e Roberto Loeb.

1964

Segundo colocado no concurso para a sede do Clube XV, Santos, com Ubyrajara Gilioli.

Cooperativa de funcionários do Jockey Clube de São Paulo, com Alfredo Paesani e Teru Tamaki.

É demitido da FAU Mackenzie.

1965

Concurso para a Catedral Presbiteriana de Brasília, com José Ribeiro.

Primeiro colocado no segundo concurso para a nova sede da Sociedade Harmonia de Tênis, São Paulo, com Teru Tamaki, Alfredo Paesani e interiores de Luís César Pires de Mello.

Concurso para o Monumento Comemorativo aos Trinta Anos de Goiânia, com José Ribeiro.

Concurso para o Mercado do Portão, Curitiba, com José Ribeiro.

Foi delegado brasileiro no Congresso Pan-Americano de Arquitetos, Washington DC, EUA.

Foi delegado brasileiro no Congresso Mundial de Arquitetos, em Paris, França.

1966

Segundo colocado em concurso para o Teatro de Ópera de Campinas, com Aldo Calvo, Alfredo Paesani e Teru Tamaki.

Segundo colocado no concurso nacional do IAB.

Recebe a Grande Medalha de Ouro na I Quadrienal de Teatro, Praga, Tchecoslováquia.

Membro do júri do concurso nacional de Arquitetura para o projeto do Tênis Clube de Presidente Prudente.

Presidente do I Encontro de Arquitetos Planejadores, Curitiba.

Assume como presidente do IAB, Direção Nacional (até 1968).

Membro do Conselho Nacional de Planejamento sob a gestão do ministro Roberto Campos.

1967

Estação de tratamento de água Pirassununga, com Alfredo Paesani e Teru Tamaki.

Projeto com execução parcial para o Conjunto Habitacional Zezinho Magalhães Prado, Parque Cecap, Guarulhos, com Vilanova Artigas, Paulo Mendes da Rocha, Maria Giselda Visconti, Geraldo Vespaziano Puntoni, Ruy Gama, Arnaldo Martino e Renato Nunes.

Centro de Convivência Cultural de Campinas, com Alfredo Paesani, Teru Tamaki e Aldo Calvo.

Presidente do 9º Congresso Brasileiro de Arquitetos, Salvador.

Membro da comissão nomeada pelo governo do estado de São Paulo para a escolha das propostas destinadas à integração do Plano Metropolitano de Desenvolvimento Integrado — Grande São Paulo.

1968

Estação de tratamento de água Campinas III, com Alfredo Paesani.

Hospital-escola Júlio de Mesquita Filho (Santa Casa de Misericórdia), São Paulo, com Teru Tamaki, Eduardo de Almeida, Giselda Visconti, Luiz A. Vallandro Keating, José Borelli Neto, Tito Lívio Frascino e Hércules Merigo.

Quinto colocado no concurso para a Secretaria da Agricultura, São Paulo, com Teru Tamaki e Alfredo Paesani.

Torna-se membro vitalício do Conselho Superior do IAB/SP.

Recebe o Grande Colar de Mérito do IAB.

Apresenta o projeto do Teatro de Ópera de Campinas para o Ministério da Cultura da URSS (Moscou) e da Tchecoslováquia (Praga).

Representante da Confederação das Indústrias do Brasil no Simpósio da ONU — Técnicas e Materiais de Construção, Moscou, Kiev, Tashkent e Yerevan.

Torna-se membro vitalício do Comitê Executivo do Instituto Brasileiro de Arquitetos.

1969

Hotel Palácio dos Azulejos, Campinas, com Teru Tamaki e Tito Lívio Frascino

Parque dos Anciãos, Campinas, com Teru Tamaki e José Ribeiro.

Escola Técnica de Vila Alpina, São Bernardo do Campo, com Vilanova Artigas.

Torna-se membro do Comitê Executivo da União Internacional de Arquitetos (UIA), Paris (até 1975).

Torna-se membro honorário do Colegio de Arquitectos de México.

Torna-se membro honorário do Colegio de Arquitectos del Perú.

1970

Escola Técnica Federal de Santos, com Vilanova Artigas e Paulo Mendes da Rocha.

Participa do concurso para o Pavilhão Oficial do Brasil na Exposição Mundial de Osaka, Japão.

Torna-se membro da UIA Town Planning Comission.

1971

Edifício do Clube de Tênis, Campinas com Teru Tamaki.

Torres Gêmeas de Escritórios, São Paulo, com Teru Tamaki e Tito Lívio Frascino.

Residência Franklin Guidler, Campinas, com Teru Tamaki.

1972

Edifício de escritórios, Alameda Santos, São Paulo, com Teru Tamaki.

Conjunto habitacional Parque Pasárgada, São Paulo, com Teru Tamaki, posteriormente alterado.

Condomínio Sunshine, em Campinas.

Edifício de escritórios da Ralston Purina Company, Volta Redonda, com Teru Tamaki.

Residência José Roberto Penteado, Campinas, com Teru Tamaki.

Residência Strauss, Campinas.

Residência Aziz Maluf, Campinas.

Concurso para o Centro Administrativo Estadual, São Paulo, com Teru Tamaki, Tito Lívio Fraschino e Hércules Merigo.

1973

Conjunto Habitacional Cyrel Imobiliária, São Paulo, com Teru Tamaki e Vasco de Mello.

Complexo Habitacional Chácara do Piqueri, com torre de escritórios e lojas, São Paulo, com Décio Tozzi, João Walter Toscano e Telésforo Christofani.

Plano de Renovação para o Centro Histórico de Campinas, com Teru Tamaki e Tito Lívio Frascino.

Loteamento Ibiúna, São Paulo, com Teru Tamaki e Tito Lívio Frascino.

Plano Diretor para a Fazenda Nossa Senhora do Carmo, Itaquera, com Teru Tamaki.

Loteamento Salto, São Paulo, com Teru Tamaki.

1974

Residência Ronald Levinsohn, Rio de Janeiro, com Teru Tamaki e Tito Lívio Frascino.

Projeto do edifício social do Jockey Club, São Paulo, com Teru Tamaki e Tito Lívio Frascino.

Hotel Hermitage, Campinas, com Teru Tamaki.

Desenvolvimento urbano Feac, Campinas, com Teru Tamaki.

Desenvolvimento de terras Granja São Martinho, Campinas, com Teru Tamaki e Tito Lívio Frascino.

Desenvolvimento habitacional San Carlos, São Paulo, com Teru Tamaki.

Torna-se diretor da revista Arquiteto, São Paulo.

1975

Residência Heleno Fragoso, Rio de Janeiro, com Teru Tamaki.

Dez edifícios escolares, estado de São Paulo, com Teru Tamaki e Hércules Merigo (até 1977).

Participa da Exposição Internacional de Teatro, Praga, Tchecoslováquia.

1977

Oito agências do Banco de Poupança de São Paulo, estado de São Paulo, com Teru Tamaki, Hércules Merigo e Nadia Cahen.

Edifícios de instalações técnicas da Companhia Paulista de Força e Luz, Sorocaba, São José dos Campos e São Paulo, com Teru Tamaki, Hércules Merigo e Nadia Cahen.

Residência Luiz Antonio Pires, Campinas, com Teru Tamaki e Hércules Merigo.

1978

Centro cultural, teatro, biblioteca e galeria de arte, São Bernardo do Campo, com Teru Tamaki.

Plano de desenvolvimento urbano para São Carlos do Pinhal, com Teru Tamaki e José Borelli.

Residência Marcelino P. Barbosa, Campinas, com Teru Tamaki e José Borelli.

Residência José Steinberg, Campinas, com Teru Tamaki, Hércules Merigo e José Borelli.

1979

Edifício residencial Rua Coronel Quirino, Campinas.

1982

Edifício Comercial Club, Campinas, com Teru Tamaki, César Sampedro e Alcides L. de Moraes Barbosa.

Escultura Joá Penteado, Campinas, com Marcos Lalli.

Hotel em Petrópolis, com Teru Tamaki, Marcos Carrilho e Luiz A. Vallandro Keating; colaboração de Luiz Antônio Pompéia — Embraesp.

Proposta de transformação do Estádio do Pacaembu em um centro de convivência cultural.

1989

Coordena equipe de estudantes de Arquitetura para um concurso internacional em Tóquio, Japão, com Ciro Pirondi.

1990

Concebe o projeto da Torre do Anhangabaú, São Paulo, com César Sampedro, Davison Beccato e Luiz Antônio Pompéia.

1993

Dirige a 2ª Bienal Internacional de Arquitetura de São Paulo.

1995

Torna-se presidente do Conselho Diretor do IABsp, com Elisabete França como vice (até 1995).

Permanece como diretor da Fundação Bienal (até 1995).

1997

Projeto de hotel em Petrópolis (incorporando a mansão Ipiranga).

1998

Projeto de hotel em Campinas para Aquila D'Oeste Administradora de Bens.

2011

Falece, em 26 de junho.

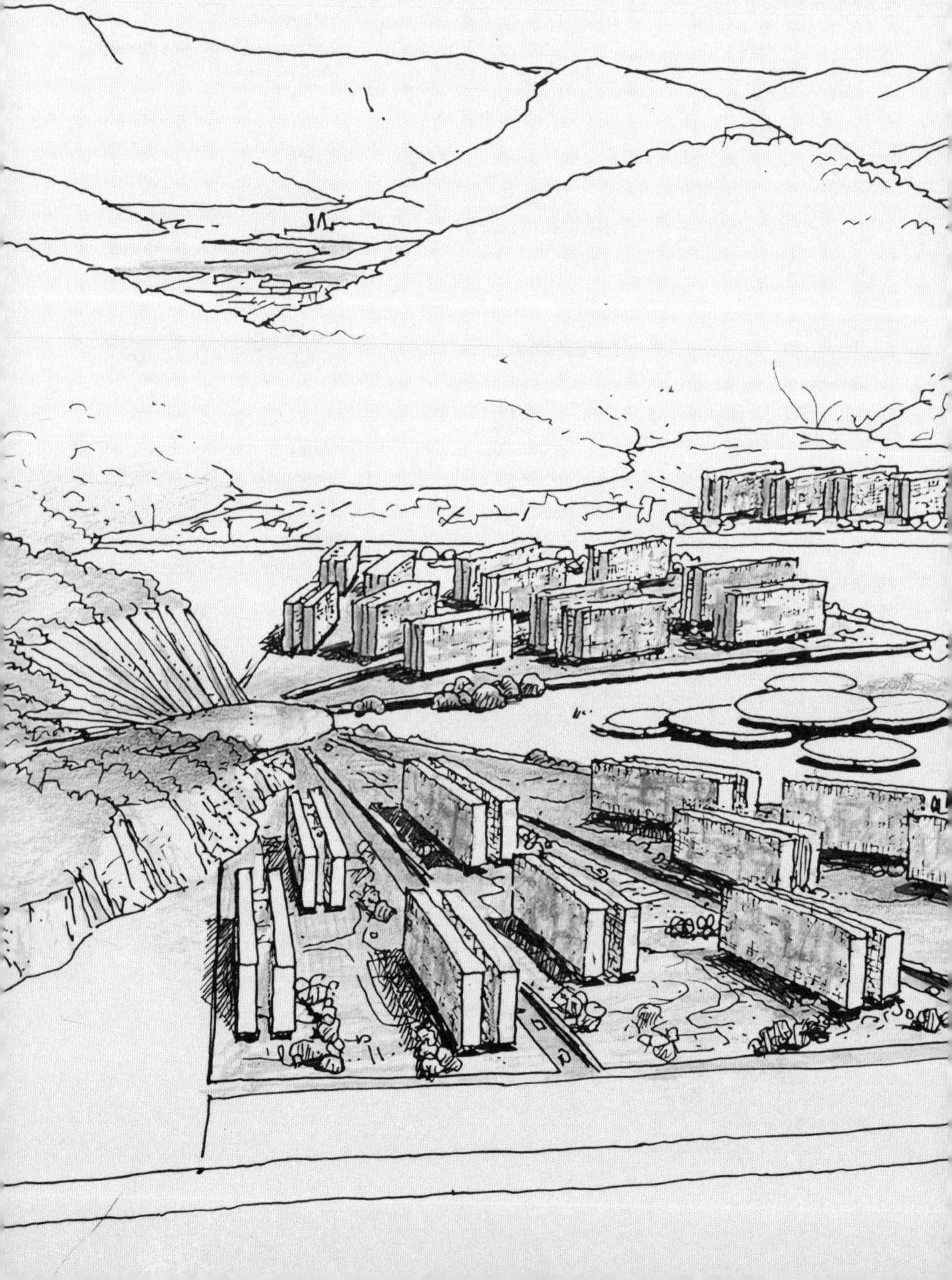